T0115191

DÉMOCRATIE
POUR LA CRISE HAÏTIENNE

DES IDÉES POUR LES RÉFORMES
POLITIQUES EN HAÏTI

ARCHANGE DESHOMMES

authorHOUSE

AuthorHouse™
1663 Liberty Drive
Bloomington, IN 47403
www.authorhouse.com
Phone: 833-262-8899

Published by AuthorHouse 06/29/2021

ISBN: 978-1-6655-1905-2 (sc)
ISBN: 978-1-6655-1904-5 (e)

Print information available on the last page.

Any people depicted in stock imagery provided by Getty Images are models,
and such images are being used for illustrative purposes only.
Certain stock imagery © Getty Images.

This book is printed on acid-free paper.

Because of the dynamic nature of the Internet, any web addresses or links contained in
this book may have changed since publication and may no longer be valid. The views
expressed in this work are solely those of the author and do not necessarily reflect the views
of the publisher, and the publisher hereby disclaims any responsibility for them.

TABLE DES MATIÈRES

INTRODUCTION

Démocratie pour la crise haïtienne n'est pas le fruit du hasard. C'est, au contraire, le résultat de réflexions sur la tourmente politique constante que traverse Haïti, notre pays bien-aimé.

En 2002, j'ai rencontré Archange Deshommes à la Virginia State University. Il était étudiant en informatique et j'étais en éducation. Chaque fois que nous nous sommes rencontrés, nous avions presque toujours le même sujet de conversation : ce que l'intelligentsia haïtienne peut faire pour résoudre les problèmes politiques du pays. Nous étions obsédés par ce sujet, même après l'obtention de notre diplôme. En 2008, six ans plus tard, j'ai obtenu une maîtrise en administration publique de l'Université Strayer, et ma thèse était Démocratie Et Despotisme. Dans ce travail, j'ai comparé et mis en contraste l'administration publique dans un régime démocratique et un régime despotique. Récemment, c'est-à-dire 12 ans plus tard, Archange m'a surpris en m'annonçant que Démocratie pour la crise haïtienne était prête à être publiée, et je devais écrire son introduction.

Démocratie pour la crise haïtienne et Démocratie Et Despotisme offrent des solutions aux problèmes politiques d'Haïti. Le premier propose des réformes pour rendre le gouvernement plus fonctionnel pour le peuple haïtien; le deuxième, de sages recommandations aux dirigeants politiques légitimes souhaitant établir ou renforcer des gouvernements démocratiques dans leur pays.

Haïti traverse actuellement l'une de ses pires crises. Il est inutile de dire que Démocratie pour la crise haïtienne est un livre opportun à lire actuellement. En outre, il est très encourageant de savoir que certains d'entre nous sont toujours préoccupés par notre pays et s'efforcent de trouver des solutions pratiques à ses problèmes politiques. Bonne lecture!

Jean Alphonse Saint-Louis,

Licencié en science politique, Virginia State University, Virginie, États-Unis (USA)

Maitrise en Administration Publique, Strayer University, USA

Professeur de langues, Richmond Public Schools, Richmond, Virginie, USA

ÉLOGES DE LA DÉMOCRATIE POUR LA CRISE HAÏTIENNE

J'ai eu le plaisir de lire le premier projet de DEMOCRATIE pour la crise haïtienne rédigé par M. Archange Deshommes. J'ai particulièrement apprécié la lecture de la proposition de l'auteur pour les réformes nécessaires en matière de police et de décentralisation en Haïti. En tant qu'enseignant et membre du Barreau de Port-au-Prince, Haïti, je recommande vivement ce livre à tous ceux qui souhaitent approfondir leurs connaissances des systèmes politiques et économiques qui existent actuellement en Haïti et a travers le monde.

Kely Tabuteau,

- avocat, **Université d'État d'Haïti, Port-au-Prince, Haïti**
- **Master en éducation, Nova Southeastern University, Floride, États-Unis**
- **Math Coach, écoles publiques du comté de Miami Dade**

L'instabilité politique et la corruption sont les principaux facteurs du sous-développement d'Haïti. Que faire pour agir sur ces facteurs et pour sortir le pays de cette crise aiguë et désespérée ? Dans cet ouvrage que je vous invite à lire absolument, les éléments de solutions qui sont proposés par Archange Deshommes sont assez pertinents et convaincants.

Baby Jonas Jean, Journaliste; ancien agent de développement communautaire, délégation de la Croix-Rouge américaine, Port-au-Prince, Haïti

Je crois que si une société ou un gouvernement doit exister, il doit avoir une philosophie qui soutient sa population par l'inclusion. Les membres du gouvernement doivent croire en un système politique solide où les gens doivent pouvoir élire leurs leaders et ceux qui sont élus doivent représenter les préoccupations du peuple. C'est ce qu'une société démocratique doit incarner et c'est ce que présente le livre. Le peuple haïtien le mérite.

Eldridge Mitchell,
University of Miami Alumni, Miami, Floride, États-Unis
Professeur de Sciences Sociales, Écoles publiques du comté de Miami Dade

A travers cet ouvrage Archange Deshommes expose la désintégration de la société haïtienne et l'échec de ses élites incapables d'orienter cette nation, qui reste pourtant une référence dans l'histoire de l'humanité, vers le progrès. En toute humilité, il suggère des solutions possibles qui pourraient mettre le pays sur la voie du développement en se basant sur une analyse approfondie des différents systèmes politiques. C'est une grande contribution civique pour saisir le bien.

Nocles Debreus, rédacteur au Journal, Le National, Port-au-Prince, Haiti

REMERCIEMENTS

Je voudrais remercier avant tout Dieu, le tout-puissant pour la semence de l'intelligence et les nombreuses portes qu'il a ouvertes devant moi pour faire de ce livre une réalité. Mon défunt père Desilus Deshommes, un homme qui aimait sa famille et ses enfants, un membre fondateur de plusieurs églises adventistes haïtiennes du septième jour aux Bahamas dans la ville de Nassau, y compris l'Eglise Francophone, aurait adoré voir son premier fils écrire un livre. Je voudrais remercier ma mère, Mariette François Deshommes, d'avoir souligné l'importance de l'éducation à un jeune âge dans ma vie. Je tiens à remercier ma femme Esther Bonnet Deshommes, qui m'a donné deux beaux enfants: Jonathan Archange Deshommes et Shamaelle Esther Deshommes, pour de nouvelles idées sur ce livre. Enfin, je voudrais remercier mes amis et collègues enseignants pour leur soutien intellectuel à ce livre : Jean Alphonse St Louis, Webert Nathanael Charles, Nocles Debreus, Eldridge Mitchell, Kelly Tabuteau, Dr Miderge Lafleur, Pasteur Augustin Hilaire, Baby Jonas, Josue Bonnet et bien d'autres qui m'ont inspiré pour écrire ce livre.

DÉDICACE

Ce livre est dédié aux différentes élites (intellectuelle, politique, économique, religieuse, médicale, technologique, sportive, culturelle, etc.) qui recherchent une véritable solution à la crise haïtienne. Ce livre est également dédié à la diaspora haïtienne et au peuple haïtien pour leur esprit toujours debout malgré les problèmes et les obstacles qui sévissent dans le pays depuis des décennies.

CHAPITRE 1

UNE BREVE HISTOIRE DU PAYS

Les années des Espagnols

Avant l'arrivée des Espagnols sur l'île de Saint Domingue ou en Haïti, les habitants étaient les Indiens principalement le peuple Taino. On pense que les Indiens Taino faisaient partie d'un plus grand groupe indien qui dominait les Caraïbes avant l'arrivée des Européens. Ce groupe s'appelait les Arawaks. On pense que les Arawaks étaient d'Amérique du Sud. Les Espagnols sont arrivés sur l'île avec Christophe Colomb en 1492. Au début, les Espagnols et les Indiens entretenaient une relation très amicale entre-eux. Pendant ce temps, la population espagnole grandissait sur l'île et voulait mettre les Indiens au travail. Plus tard, ils forceront les Indiens à travailler dur. Les Indiens n'étaient pas habitués aux durs travaux que leur imposaient les Espagnols et ils moururent en grand nombre. Les Indiens ont combattu les Espagnols pour les empêcher de les asservir. Malheureusement pour les Indiens, les Espagnols avaient de meilleures armes et ils ont prévalu dans ces combats et guerres. Les Espagnols ont amené le premier groupe d'esclaves d'Afrique de l'Ouest à Saint Domingue en 1503. Ils ont amené les esclaves pour remplacer les Indiens dans le travail qui devait être fait à Saint Domingue. Les Noirs d'Afrique de l'Ouest étaient très forts pour faire les travaux qu'il fallait faire à Saint Domingue et les maîtres espagnols adoraient cela. De temps en temps, il y avait un soulèvement d'esclaves. Les Espagnols ont réussi à garder les esclaves sous contrôle et ont réussi à faire de Saint Domingue une colonie prospère pour la mère patrie, l'Espagne.

Les années des Français

Dans la région appelée les Caraïbes, il y avait des hostilités constantes entre les puissances européennes pour établir des colonies pour leurs métropoles d'Europe. Les pirates et boucaniers français étaient constamment en guerre avec les Espagnols pour tenter de contrôler Saint Domingue. En 1625, les boucaniers français s'installent sur l'île de la Tortue. C'était un message clair aux Espagnols que la richesse d'Hispaniola n'ira pas seulement à l'Espagne mais aussi à la France. En 1663, les Français installaient une colonie à Léogâne, une ville du département de l'Ouest d'Haïti. Alors que les Français se déplaçaient vers l'Est sur l'île, ils ont forcé les Espagnols à abandonner des terres. En 1664, la société française des Indes occidentales reprend la partie orientale de l'île pour la gérer au profit de la métropole, la France. La Compagnie française des Indes occidentales était une entreprise qui construisait des colonies au profit de la mère patrie, la France. Pour éviter les guerres et les conflits avec les Français, les Espagnols cédèrent la partie ouest de l'île aux Français en 1697 par le traité de Ryswick. Avec ce traité, la partie occidentale de l'île revenait légalement à la France. Les Français ont construit différentes villes dans toute la partie ouest de l'île, y compris Port De Paix et Cap-Français qui est maintenant devenu Cap Haïtien. Outre la construction de villes, les Français ont construit sur ce que les Espagnols avaient laissé et ont fait de Saint-Domingue l'une des colonies européennes les plus prospères au monde. Le commerce du tabac, de la canne à sucre, de l'indigo, du coton et du cacao était en plein essor. C'est pourquoi Haïti était connue comme la perle des Caraïbes ou la perle des Antilles. Alors que l'économie de Saint Domingue prospérait, les esclaves ne jouissaient pas de cette richesse. Ils étaient très frustrés par cette évolution. De temps en temps, il y avait une petite révolte. Les Français trouveraient un moyen de maintenir la paix et de maintenir les esclaves en esclavage.

Les années de la Révolution

La faiblesse de la France à contrôler les esclaves à Saint Domingue a commencé par sa faiblesse en Europe. La Révolution française de 1789 a rendu très difficile pour la France de contrôler ce qui se passait en France et ce qui se passait dans les Caraïbes, en particulier à Saint Domingue. En 1791, les esclaves du Nord d'Haïti, dans l'actuel Cap-Haïtien, ont lancé une révolution qui mènera finalement Haïti à l'indépendance. Boukman, un prêtre vaudou, allait lancer la cérémonie du Bois Caïman qui donna à la révolution son début officiel. Boukman, sera capturé plus tard par les forces françaises. Sa tête serait coupée par les maîtres des esclaves. La mort de Boukman et d'autres rebelles n'aurait pas le pouvoir de ralentir les progrès de la Révolution. Au début de la révolution, certains des mulâtres étaient alignés avec les Français et essayaient de se battre pour garder les esclaves sous contrôle. Quand la France a compris qu'elle était sur le point de perdre tout le pays, elle a voulu libérer des esclaves, dans certaines parties du pays. Le leadership des Noirs : Toussaint, Dessalines et Christophe voulaient la liberté pour tous les noirs et pas seulement pour certains. Ils voulaient une révolution à grande échelle. Les Britanniques qui étaient déjà dans les Caraïbes ont profité des faiblesses des Français chez eux et à l'étranger pour s'installer à Saint Domingue. Ils n'ont pas réussi à le faire. Toussaint les repoussa hors de l'île. Certaines des forces britanniques sont également mortes de maladies à Saint Domingue. Malgré le dernier effort des Français pour reprendre le contrôle de la colonie par le général français Charles Leclerc, Toussaint Louverture a préparé le terrain en remportant certaines des plus importantes batailles pour l'indépendance des esclaves. Après la prise de Toussaint, Dessalines a pris la direction du pays. Il combattit les forces françaises à la bataille de Vertières en 1803 et déclara Haïti pays indépendant le 1er janvier 1804.

Les premières années de l'Indépendance

Haïti ou le pays des montagnes était maintenant la première république noire indépendante au monde. Haïti est aujourd'hui l'un des plus anciens pays de l'hémisphère occidental avec les États-Unis. Après l'indépendance, même s'il y a eu des dégâts, Haïti était toujours le pays le plus riche des Caraïbes et l'un des plus riches du monde. Juste après l'indépendance, quelque chose s'est passé : la mort de Jean Jacques Dessalines. Ce premier assassinat d'un chef d'État ou ce premier coup d'État entraînerait une période d'instabilité politique qui durerait 200 ans. Henri Chistophe ne faisait pas confiance aux mulâtres et établirait son royaume dans le nord. Alexandre Pétion établirait la République du Sud. Alexandre Petion a tenté de mettre en place un système démocratique par la répartition des terres. Quand il a suspendu la législature en 1816, il était clair que l'ambition de Pétion n'était pas la démocratie mais l'instauration d'une dictature. Il s'est déclaré président à vie avec le droit de nommer son successeur. Avant sa mort, il a fait exactement cela. Il a nommé Jean Pierre Boyer, un militaire, comme prochain président du pays.

Les années pendant et après le Président Jean Pierre Boyer

Jean Pierre Boyer a remplacé Alexandre Pétion comme président en 1820. Il a réussi à unir le pays sous un seul chef et a mis la partie orientale de l'île sous son contrôle. Jean Pierre Boyer a régné sur toute l'île pendant environ 25 ans. De 1824 à 1826, il accueille les Noirs ou les Afro-Américains qui fuyaient le dur traitement du système Jim Crow aux États-Unis. À propos, le système Jim Crow était une série de lois qui ont été adoptées pour rendre la condition de l'homme noir insupportable aux États-Unis. Avant que Jean Pierre Boyer soit évincé par une rébellion en 1843, le pays a subi le tremblement de terre massif connu sous le nom de tremblement de terre de 1842 au Cap-Haïtien qui a tué plus de 10 000 personnes. L'une des plus grandes réalisations du président Boyer a été ses compétences diplomatiques en travaillant avec le gouvernement français pour reconnaître Haïti en tant que pays indépendant. Il a également travaillé avec d'autres pays comme les États-Unis pour créer une relation amicale. Les dominicains ont été très critiques à l'égard du président Jean Pierre Boyer parce qu'ils croient qu'il les a maintenus dans un état de retard social, politique et économique pendant des décennies. Après la présidence de Boyer, une série de gouvernement instable et militaire arriverait au pouvoir et conduirait finalement à l'occupation américaine. Charles Rivière Herard préparera le terrain pour le coup d'État de Boyer et le remplacera en 1843. Après Herard, une série de militaires mènera le pays dans un état d'instabilité politique qui nécessitera une intervention extérieure pour la paix.

Les années de l'occupation américaine

Le président Jean Pierre Boyer a réussi au cours de ses années de mandat à créer une culture de paix en raison de la stabilité du gouvernement sous sa direction. C'était un dictateur comme Pétion, mais il réussit à maintenir la paix du pays. Lorsqu'il a quitté ses fonctions en 1843, comme précisé plus haut, une série de gouvernements instables est arrivée au pouvoir qui a eu besoin une intervention extérieure. Il y a eu beaucoup d'exilés forcés et d'assassinats politiques dans tout le pays. Pendant ces années, l'Empire allemand était très fort et tentait donc d'être influent dans les Caraïbes. Au cours du 1915, il y avait une communauté croissante d'Allemands en Haïti qui était intéressée à faire des affaires dans le pays. Le lien de cette communauté allemande avec l'Allemagne continentale rendit inévitable l'influence du gouvernement. Puisque les Caraïbes sont l'arrière-cour de l'Amérique au sens politique, les États-Unis ne voulaient pas voir les Allemands contrôler Haïti et utilisaient donc tous les moyens nécessaires pour les empêcher d'exercer une influence dans le pays. Le 28 juillet 1915, sous la direction du président Woodrow Wilson, les États-Unis envahissent Haïti pour protéger ses intérêts, ceux de ses amis et empêcher le gouvernement allemand d'être trop influent dans le pays. Les États-Unis resteront en Haïti pendant 19 ans jusqu'à la présidence de Franklin Delano Roosevelt. Avec le soutien du corps de la marine américaine, les politiciens américains gouverneraient le pays d'une manière qui n'était pas bénéfique pour la majorité de la population du pays.

Le gouvernement américain a démantelé la constitution pour créer une dictature militaire pour gouverner le pays de manière plus unilatérale afin d'empêcher les Allemands de prendre toute décision qui pourrait les conduire à mettre en péril l'intérêt américain dans le pays. Le peuple haïtien et l'élite intellectuelle n'ont pas accueilli favorablement l'occupation et ont commencé à la combattre dès le premier jour. Des mulâtres comme Phillipe Sudre Dartiguenave et Louis Borno ont accepté d'être président pendant cette occupation même si l'élite intellectuelle et le peuple haïtien n'étaient pas pour l'occupation et ne voulaient pas qu'ils deviennent présidents. Avec ces dirigeants, Franklin Delano Roosevelt a réussi à rédiger une constitution qui a donné plus de pouvoir à la communauté internationale en Haïti. Le pouvoir d'acheter des terres par exemple a été accordé à un étranger. C'était quelque chose que Jean Jacques Dessalines ne voulait absolument pas pendant son règne. Même avant la fin de la présidence de Woodrow Wilson aux États-Unis, l'occupation n'a pas donné aux États-Unis une bonne image dans la communauté internationale. La conférence de paix de Paris en 1919 n'a pas salué l'occupation. La grande dépression qui a éclaté sous la direction du président Herbert Hoover a fait son chemin jusqu'à la présidence de Franklin Delano Roosevelt. Sous Roosevelt, les choses étaient très chaotiques en Haïti à cause de la résistance et de la dépression. Lors d'une visite en Haïti en 1934, le message du Président Franklin Delano Roosevelt était clair : l'occupation prendrait fin et une politique de bon voisinage serait mise en œuvre entre les États-Unis et Haïti. Le président Roosevelt a ordonné aux marines de quitter Haïti le 15 août 1934. C'était la fin de l'occupation physique d'Haïti par les États-Unis. Les signes et les effets psychologiques de l'occupation iraient au-delà du départ des marines.

Les années après l'occupation américaine

Tout comme avant l'Occupation américaine, une série de gouvernements instables a suivi la fin de l'occupation américaine. Ce qu'il faut comprendre ici, c'est que l'ennemi historique du pays était toujours là, c'est à dire les forces armées d'Haïti. Vous voyez, l'ennemi n'a jamais été seulement la politique étrangère des États-Unis d'Amérique. L'ennemi a également été l'armée ou les forces armées du pays. La même armée qui a assassiné Jean Jacques Dessalines était la même armée qui posait des problèmes avant et après l'occupation. Après le départ des marines en 1934, une série d'hommes sont devenus les dirigeants du pays. Stenio Vincent, Elie Lescot, Dumarsais Estime, Paul Magloire et François Duvalier. Le président Vincent a eu beaucoup de défis pendant sa présidence. L'un d'eux était sa relation avec le dictateur dominicain Rafael Leonidas Trujillo Molina. Ce dictateur dominicain voulait étendre son influence sur toute Hispaniola, comme l'avait fait Jean Pierre Boyer. Il avait tué ou massacré plus de 20 000 Haïtiens. Le manque de soutien des États-Unis obligea Stenio Vincent à céder le pouvoir à Elie Lescot en 1941. Elie Lescot était très anti-marxiste. Après tout, il lui aurait été impossible d'avoir le soutien des États-Unis en tant que président et pro-marxiste. Ses attaques contre les intellectuels marxistes du pays ont forcé sa présidence à prendre fin en 1956 à cause des protestations dans tout le pays par différents secteurs de la société haïtienne. Elie Lescot est remplacé en 1946 par Dumarsais Estime. Contrairement aux autres chefs militaires, Estime était un civil. Il était plus du côté du peuple que pour un petit groupe appelé l'élite du pays. La plupart des mulâtres du pays faisaient partie de cette élite. Dumarsais estime exclut les élites economiques du gouvernement et les contraint à payer des impôts. Cette décision n'a pas été bien accueillie par cette élite qui contrôle le gouvernement depuis le départ de Boyer. En raison de sa popularité, Estimé essayait de prolonger son mandat. Il a été évincé par l'armée en 1950. Paul Magloire a remplacé Estimé à la présidence en 1950 après le coup d'État. Il a redonné à l'élite son ancien poste de dominance en donnant des emplois gouvernementaux à ses amis et aux amis de ses amis. Le peuple du pays n'était pas d'accord avec la présidence de Magloire car sa politique n'était pas bonne pour le peuple. Les protestations de 1956 le portent à perdre le pouvoir.

Les années des Duvalier

François Duvalier est arrivé au pouvoir après la chute de Paul Magloire à la présidence. Ce n'était pas un militaire mais un médecin. C'était un médecin très populaire parmi le peuple. Avant de devenir président, une chose que François Duvalier avait réussi à faire est de ne pas faire confiance à l'armée. Il était très anti-mulâtre et anti-intellectuel. Sous sa direction, les intellectuels et les mulâtres ont fui le pays vers les États-Unis, le Canada, la France, la Jamaïque et d'autres pays. Il a dirigé le pays pendant environ 14 ans et est décédé en 1971 et a été remplacé par son fils. Même si sa présidence a fait avancer le pays en ce qui concerne la construction de quelques édifices gouvernementaux et d'autres projets, ce n'était rien d'autre qu'une dictature. Lorsque Jean Claude Duvalier a remplacé son père en 1971, il a essayé de continuer ce que son père avait commencé. C'était une politique au nom du père et du fils. L'armée gouvernait le pays indirectement par l'intermédiaire de Jean Claude. Le soulèvement du peuple et des intellectuels a forcé Jean Claude à quitter le pouvoir en 1986 après 15 ans de gouvernement.

Les années après les Duvalier

Lorsque Jean Claude Duvalier quitta le pouvoir en 1986, il quitta la même armée que Jean Jacques Dessalines avait quittée après son assassinat en 1806. Un CNG (Conseil National de Gouvernement) fut formé pour diriger le pays. Les États-Unis, la France et les intellectuels du pays ont réussi à donner à Haïti la constitution de 1987 toujours en vigueur aujourd'hui. Des intellectuels tels que Leslie François Manigat, Marc L. Bazin et d'autres ont été très impliqués dans la politique du pays avec des mouvements de résistance hors d'Haïti dans la diaspora haïtienne. Leslie François Manigat a été président, mais seulement pour une période de trois mois en 1988. Plusieurs gouvernements sont allés et venues entre la présidence de Leslie François Manigat et l'élection qui a porté au pouvoir Jean Bertrand Aristide en 1990. Ce prêtre catholique a été très influent auprès du peuple. Sa présidence ne durera pas longtemps. Le coup d'État du 30 septembre 1991 l'a contraint à l'exil. Il reviendrait au pouvoir en 1994 avec le soutien du gouvernement des États-Unis. Son ancien Premier ministre René Garcia Preval le remplacerait à la présidence pendant cinq ans. Aristide reviendrait au pouvoir après la présidence de Préval en 2001. Il sera mis hors du pouvoir par un coup d'État en 2004. Son gouvernement sera suivi d'un gouvernement de transition dirigé par le président Alexandre Boniface et le premier ministre Gérard Latorue. L'élection de 2006 a ramené Préval au pouvoir pour un second mandat. L'élection générale de 2010-2011 amènera le musicien Michel Joseph Martelly à la présidence d'Haïti pour un mandat de cinq ans après avoir battu la candidate de l'établissement et intellectuelle reconnue en droit constitutionnel Mirlande Manigat.

Comme vous pouvez le voir, l'histoire d'Haïti est pleine d'épreuves et de tribulations. En dépit de ces épreuves et tribulations, je crois sincèrement que des progrès peuvent être accomplis d'une manière politique. La constitution de 1987 a été un pas dans la bonne direction. L'influence de l'armée n'est plus un facteur majeur d'instabilité du pays, ce que nous devons faire maintenant est de corriger la constitution pour que le pays puisse passer de cette période constitutionnelle à une période administrative qui sera bonne pour tous les Haïtiens dans toutes les classes et de toutes les couleurs de peau.

CHAPITRE 2

QUEL TYPE DE DÉMOCRATIE POUR HAÏTI ?

Dans les nouvelles, parmi les gens du commun, vous entendez le débat sur la démocratie. Les gens instruits, les politiciens, etc. parlent de la démocratie comme un type de gouvernement. Dans un sens, c'est vrai. Si vous regardez le tableau d'ensemble du gouvernement, c'est exact. Lorsque vous regardez le mot démocratie plus profondément, il existe différents types. Les pays ont des cultures différentes. Le type de gouvernement qui peut exister dans un pays ne peut pas forcément exister dans un autre pays. Les gouvernements communistes ont échoué en Europe occidentale mais ont réussi en Asie du Sud-Est et en Chine. Pourquoi ? Cela a beaucoup à voir avec la culture du pays. Le gouvernement semi-présidentiel a réussi en France et a échoué en Allemagne où il est apparu pour la première fois au début du XXe siècle. Dans le processus de reconstruction d'Haïti, ne pas comprendre le type de démocratie qui convient au pays est une grosse erreur et c'est exactement l'erreur commise dans la constitution de 1987 et la constitution amendée de 1987.

Les trois principaux types de Démocratie

Différents types de gouvernements ont existé tout au long de l'histoire humaine: Dictature, monarchie constitutionnelle, monarchie absolue, théocratie, gouvernements communistes, démocratie, etc. Toutes ces formes de gouvernement ont affecté la société d'une manière ou d'une autre. L'histoire a prouvé que la démocratie a le meilleur impact sur la société par rapport aux autres. Inventée par les intellectuels à l'époque de la Grèce antique à Athènes et développée par les Romains, les Allemands, les Français, les Britanniques, les Américains, etc. Le mot démocratie est défini comme le gouvernement par le peuple et pour le peuple. La démocratie peut être directe lorsque les gens votent pour un président pour défendre leurs intérêts, par exemple le président Jovenel Moise, ou la démocratie peut être indirecte lorsque les gens votent pour un parlement pour défendre leurs intérêts qui votent pour un premier ministre, par exemple le premier ministre Laurent Lamothe. Il existe trois principaux types de démocratie : la démocratie parlementaire, ou régime parlementaire, la démocratie semi-présidentielle ou régime semi-présidentiel, et la démocratie présidentielle ou régime présidentiel. . Ce passage ici est l'un des plus importants de ce livre. Si vous comprenez cela, vous comprendrez la crise politique actuelle en Haïti. Si vous ne comprenez pas cela, vous ne comprendrez pas la crise politique actuelle dans le pays.

Démocratie semi-présidentielle

Le système semi-présidentiel ou semi-parlementaire ou régime semi-présidentiel, a son origine dans la République de Weimar en Allemagne de 1918 à 1933. Il a 100 ans. Ce fut l'un des moments les plus difficiles de l'histoire de l'Allemagne. Ce système de gouvernement a permis à Adolph Hitler d'accéder au pouvoir et d'ouvrir la porte à l'holocauste et à la Seconde Guerre mondiale. Après l'occupation alliée de l'Allemagne, les Allemands passent d'un système semi-présidentiel à un système de gouvernement parlementaire. La constitution de l'Allemagne en 1919 a établi le système semi-présidentiel de gouvernement. Le président a été élu par le peuple pour sept ans et peut être réélu. Il nomme le Premier ministre appelé chancelier. Avec le Premier ministre ou le chancelier, le président peut dissoudre le Parlement ou le Bundestag. Au cas où le chancelier n'accepterait pas le projet du président de dissoudre le parlement, il pourrait être démis par le président pour nommer un nouveau chancelier qui finirait par faire son sale boulot à sa place. Chaque fois que le président n'a pas une majorité au parlement pour l'aider à diriger le pays, le concept d'appeler à de nouvelles élections était une chose normale. Les premiers ministres ou les chanceliers vont aussi vite qu'ils viennent et il y avait cette culture d'instabilité politique en Allemagne. Les politologues sont comme les ingénieurs qui construisent des écoles, des ponts, des bâtiments gouvernementaux, etc. Ils ne peuvent pas dire que leur construction n'échouera jamais dans des conditions extrêmes, mais ils doivent les construire aussi suffisamment que possible pour résister aux pressions naturelles et environnementales.

Si le système semi-présidentiel ou régime semi-présidentiel a été utilisé pour résister à des conflits de société tels que des idéologies politiques différentes, des conflits d'intérêts entre différents groupes, il a lamentablement échoué. La seule façon de corriger la fragilité du semi-présidentialisme est d'innover dans un système de gouvernement parlementaire. Même si le gouvernement français a réussi quelque peu à le faire fonctionner, tout comme le gouvernement américain a réussi à faire fonctionner le système présidentiel, les petits pays sans histoire profonde de stabilité politique ne pourront pas le faire. S'ils n'innovent pas, ils devront faire face aux conséquences désastreuses du semi-présidentialisme.

Ce système est organisé où le peuple vote pour un président lors d'une élection directe et le parlement choisit une personne pour être Premier ministre lors d'une élection indirecte pour former un gouvernement de cohabitation entre le président et le premier ministre. Les pays qui utilisent ce système aujourd'hui sont : Haïti, la France, la Russie, les pays africains francophones comme la République démocratique du Congo et d'autres. Selon les recherches effectuées par la Banque mondiale, l'Université de Yale et l'Institut Legatum au Royaume-Uni, ce système est très instable et crée beaucoup de confusion. Les pays africains francophones et Haïti sont des exemples parfaits de ce système brisé. De nombreux chercheurs utilisent la Cinquième République française pour justifier le système semi-présidentiel comme un bon gouvernement. La réalité est différente. En étudiant la France de manière anticipée, la plupart des hommes politiques au niveau municipal, départemental et régional sont élus indirectement par les conseils municipaux, les conseils départementaux ou les conseils régionaux. Les candidats à l'élection présidentielle en France sont généralement issus de l'un de ces conseils ou ont leurs racines dans la politique locale. C'est très différent dans les pays qui n'ont pas ce gouvernement local, départemental et régional fort. Dans ces pays, le semi-présidentialisme peut faire beaucoup de dégâts. Les présidents du semi-présidentialisme contournent le Parlement pour appeler au référendum, ils nomment les premiers ministres, d'autres ministres et conseillers en fonction de leur idéologie personnelle égoïste. Dans le semi-présidentialisme, l'opinion d'une personne devient la politique d'une nation. La vision ou le manque de vision d'une personne devient le destin de tout le pays. C'est inacceptable.

Le Semi-Présidentialisme et la Crise en République Démocratique du Congo à la fin des années 1990

L'origine de la crise politique en République démocratique du Congo a à voir avec la forme de gouvernement que les politiciens et les intellectuels ont défini pour le pays dans la constitution. Ce système est le gouvernement semi-présidentiel. Ce système, comme expliqué précédemment, est une recette pour un désastre. Tout comme dans les gouvernements présidentiels, tout le pouvoir appartient à cette personne et à son entourage ou gouvernement. Mobutu Sese seko a été au pouvoir de 1965 à 1997. À son époque, il était un allié des États-Unis, de la France, de la Belgique et de nombreux autres pays occidentaux. Il était politicien bien avant de devenir président. Pendant son mandat, il y a eu beaucoup de corruption, l'économie s'est gravement détériorée et finalement les forces rebelles dirigées par Laurent Désiré Kabila l'ont expulsé de ses fonctions et du pays. Il mourut des mois plus tard au Maroc. Lors de ce soulèvement de Laurent Kabila, des milliers de personnes ont été tuées des deux côtés. Du côté Kabila et du côté gouvernemental.

Semi-Présidentialisme et la Crise en Haïti en 2004

Haïti, tout comme la République démocratique du Congo, a un système de gouvernement semi-présidentiel depuis 1987, date à laquelle ils ont promulgué la première constitution démocratique du pays. Le président Aristide était en fonction pour la deuxième fois de 2001 à 2004. Son entourage s'enrichissait de plus en plus tandis que la population du pays devenait de plus en plus pauvre. Des gens se faisaient tuer à gauche et à droite par des personnes associées à Fanmi Lavalas, le parti du président Jean Bertrand Aristide. Guy Phillippe a dirigé le soulèvement qui a écarté Aristide du pouvoir. Il s'installe en République centrafricaine et plus tard en Afrique du Sud. Le chef de la Cour suprême Alexandre Boniface et l'ancien diplomate haïtien Gerard Latortue ont organisé le gouvernement intérimaire respectivement en tant que président et premier ministre.

Semi-Présidentialisme et Guerre Civile de 2011 en Syrie

La Syrie est une république semi-présidentielle où le président est élu au suffrage populaire et le premier ministre est choisi par le président avec l'approbation du parlement. Le conflit en Syrie fait partie du printemps arabe ou du soulèvement arabe dans des pays aux gouvernements et aux institutions brisés. Le peuple syrien était mécontent de la façon dont le président Bashar Al Assad dirigeait le pays et a exigé sa destitution et le départ du gouvernement. Ce conflit d'intérêts a conduit à une guerre totale en Syrie entre les forces gouvernementales soutenues par la Russie et l'Iran et les forces rebelles soutenues par les États-Unis et l'Union Européenne. À la suite de la guerre, plus de 500 000 personnes ont été tuées depuis 2011, plus de 7 millions de déplacés internes et plus de 5 millions de réfugiés. Tout comme en Allemagne pendant la première et la seconde guerre mondiale, ce système semi-présidentiel a beaucoup à voir avec cette guerre. Si la Syrie avait eu un système parlementaire ou un régime d'assemblée, la possibilité d'une guerre aurait été moindre. Ce système semi-présidentiel mis en place par l'Allemagne pendant les années de la République de Weimar en 1918 a été une recette pour le désastre dans des pays à faible tradition démocratique comme Haïti, les pays d'Afrique et du Moyen-Orient.

D'autres Pays avec le Système Semi-Présidentiel ou régime semi-présidentiel de Gouvernement

Russie

Basé sur la Constitution, le pays est une république semi-présidentielle, où le président est le chef d'état et le premier ministre est le chef du gouvernement. La Fédération de Russie est fondamentalement structurée comme une démocratie représentative, avec le gouvernement fédéral composé de trois branches :

Législatif : Le bicaméral Assemblée fédérale de Russie, composé des 450 membres Douma d'État et les 170 membres du Conseil de la Fédération, adopte loi fédérale, déclare la guerre, approuve les traités, a le pouvoir de destituer le président de la Russie.

Exécutif : Le Président est le Commandant en chef des Forces armées, peut opposer des projets de loi législative avant qu'ils deviennent loi. Il nomme le Gouvernement de la Russie (Cabinet) et d'autres agents, qui administrent et appliquent les lois et politiques fédérales.

Judiciaire : La Cour constitutionnelle, court suprème et les tribunaux fédéraux inférieurs, dont les juges sont nommés par le Conseil de la Fédération sur recommandation du Président, interprètent les lois et peuvent annuler les lois qu'ils jugent inconstitutionnelles.

Le président est élu au suffrage populaire pour un mandat de six ans (éligible pour un deuxième mandat, mais pas pour un troisième mandat consécutif). Les ministères du gouvernement sont composés du premier ministre et de ses adjoints, des ministres et d'autres personnes sélectionnées; tous sont nommés par le Président sur recommandation du Premier Ministre. Les principaux partis politiques en Russie comprennent : Russie unie, le Parti communiste, le Parti libéral démocrate, et Une Russie juste. En 2019, la Russie était classée 134e sur 167 pays dans l'Indice de démocratie, compilé par L' Economist Intelligence Unit, tandis que le Projet de justice mondiale, en 2014, classait la Russie 80e sur 99 pays étudiés en termes d'état de droit.

Corée du Sud

Le gouvernement de la Corée du Sud est déterminé par la Constitution de la République de Corée. Comme de nombreux états démocratiques, la Corée du Sud a un gouvernement divisé en trois branches : exécutif, judiciaire et législatif. Les pouvoirs exécutif et législatif opèrent principalement au niveau national, bien que divers ministères de l'exécutif exercent également des fonctions locales. Les gouvernements locaux sont semi-autonomes et contiennent des cadres et corps législatif respectifs. Le pouvoir judiciaire opère aux niveaux national et local. La Corée du Sud est une démocratie constitutionnelle.

La constitution de la Corée du Sud a été révisée à plusieurs reprises depuis sa première promulgation en 1948 à l'indépendance. Cependant, elle a conservé de nombreuses caractéristiques générales et à l'exception de l'éphémère Deuxième République de Corée du Sud, le pays a toujours eu un système présidentiel avec un directeur général indépendant. En vertu de sa constitution actuelle, l'État est parfois appelé Sixième République de Corée du Sud. La premiere élection directe a également eu lieu en 1948.

Bien que la Corée du Sud ait connu une série de dictatures militaires des années 1960 aux années 1980, elle est depuis devenue une Démocratie libérale.

Le Portugal

Le Portugal est une république semi-présidentielle représentatif démocratique depuis la ratification du

Constitution de 1976, avec Lisbonne, la plus grande ville du pays, comme sa capitale. La Constitution fixe la division ou la séparation des pouvoirs entre quatre organes appelés « organes de souveraineté » : Président de la République, le Gouvernement, l'Assemblée de la République et les tribunaux.

Le président du Portugal est élu pour un mandat de cinq ans, a un rôle exécutif. L'Assemblée de la République est un parlement à chambre unique composé de 230 députés élus pour un mandat de quatre ans. Le gouvernement est dirigé par le premier ministre et comprend des ministres et des secrétaires d'État. Les Tribunaux sont organisés en plusieurs niveaux, entre les branches judiciaire, administrative et fiscale. Les Cours suprêmes sont des institutions de dernier recours / d'appel. Un ensemble de treize membres de la Cour constitutionnelle surveille la constitutionnalité des lois.

Le Portugal a un système multiparti de législatures / gouvernements administratifs locaux compétitifs aux niveaux national, régional et local. L'Assemblée de la République, les assemblées régionales et les communes et paroisses locales, sont dominées par deux partis politiques, le parti socialiste et le Parti social-démocrate, en plus de Coalition démocratique unitaire(Parti communiste portugais et Parti écologiste «Les Verts»), le Bloc de gauche et le Centre démocratique et social - Parti populaire, qui recueillent régulièrement entre 5 et 15% des voix.

Le chef d'État du Portugal est le Président de la République, élu pour un mandat de cinq ans par suffrage universel directe. Il ou elle a également une supervision et pouvoirs de réserve. Les pouvoirs présidentiels comprennent la nomination du Premier ministre et des autres membres du gouvernement (lorsque le président tient compte des résultats des élections législatives); révoquer le Premier ministre; dissoudre l'Assemblée de la République (pour convoquer des élections anticipées);veto des lois (qui peuvent être annulées par l'Assemblée); et déclarer l'état de guerre ou de siège. Le président est également commandant en chef des forces armées.

Le président est conseillé sur les questions importantes par le Conseil d'Etat, qui se compose de six hauts fonctionnaires civils, de tout ancien président élu en vertu de la Constitution de 1976, de cinq membres choisis par l'Assemblée et de cinq choisis par le président.

CHAPITRE 3

DÉMOCRATIE PRÉSIDENTIELLE

Le deuxième système est le système ou régime présidentiel de gouvernement. Ce système trouve son origine aux États-Unis à la fin du XVIIIe siècle. Il a au moins 200 ans. Ce système est établi où deux candidats à la présidence, president et un vice-président font campagne ensemble, s'ils gagnent les élections, ils deviennent président et vice-président. Les pays qui utilisent ce système aujourd'hui sont les États-Unis, le Mexique, la République dominicaine, le Brésil, l'Argentine et d'autres. Beaucoup d'intellectuels et de politiciens ont plaidé pour ce système de gouvernement dans la diaspora haïtienne et en Haïti, mais selon les recherches effectuées par la banque mondiale, le Legatum Institute au Royaume-Uni et le département de science politique de l'Université de Yale, ce système est très cassé et instable. Cela rend possible des gouvernements corrompus et dysfonctionnels. Le despotisme et l'autoritarisme sont très liés au présidentialisme.

Une fois le président élu, il pourrait tenter de détruire ses opposants politiques, dissoudre le parlement s'il le pouvait et créer un one man show. La vision pour tout le pays est entre les mains d'une seule personne. Selon les politologues, le système présidentiel est constitutionnellement instable pour garantir la paix dans les pays où il a été mis en œuvre. La situation en Amérique latine dans le passé l'a prouvé à maintes reprises. Lorsque le président est d'un parti politique et qu'un autre parti contrôle la législature, cela entraîne une instabilité politique avec le système présidentiel. Présidents, gouverneurs, sénateurs, les députés dans un système présidentiel ne sont pas responsables devant les gens qui ont voté pour eux parce qu'ils ont tendance à se blâmer les uns les autres pour les problèmes qu'ils ne peuvent pas résoudre. Une fois le président élu, il est très difficile de le démettre de ses fonctions. Les gens doivent attendre les prochaines élections. Si le président n'a aucune vision, aucune expérience et aucune capacité d'apprentissage pendant qu'il est au pouvoir, le pays en souffrira pendant la durée du mandat présidentiel. Même lorsqu'un président est démis de ses fonctions, son vice-président prendra le relais. Cela signifie peu de changements pour le pays.

Démocratie présidentielle et prise d'assaut du Congrès des États-Unis en 2021

Les États-Unis d'Amérique ont ce système de gouvernement dysfonctionnel depuis 200 ans. Les maires, les gouverneurs, les greffiers ou les maires municipaux, les procureurs généraux, les juges, les présidents, etc. sont élus directement par la population du pays. Même si de multiples études menées par certaines des universités les plus prestigieuses du pays, y compris le département de science politique des universités de Yale et Havard, ont conclu que les réformes du système politique doivent être effectuées dès que possible. Les politiciens ont ignoré cette dure réalité. Contrairement aux partis politiques au Canada et en France, le parti démocrate et le parti républicain ont des primaires directes. Ce qui signifie que les dirigeants ou les comités nationaux de ces deux partis ne choisissent pas les dirigeants pour représenter les partis aux élections, ce sont les gens du pays qui choisissent. C'est un très gros problème. Si les réformes avaient été faites au moins au niveau des partis politiques, l'émeute de 2021 ne se serait jamais produite car quelqu'un comme Trump n'aurait jamais été président du pays. Au lieu que ces politiciens réparent leur propre système politique brisé, ils sont très occupés à le vendre au reste du monde et à critiquer le système d'autres pays comme la République populaire de Chine.

Sans preuve, le président Donald Trump a affirmé que les élections de 2020 lui avaient été volées par les démocrates pour de mauvaises raisons et a appelé ses partisans à l'action. Les 5 et 6 janvier, des milliers et des milliers de partisans de Trump se sont réunis à Washington DC et ont demandé au vice-président des États-Unis, M. Mike Pence, de rejeter la victoire de M. Joe Biden. Au matin du 6 janvier 2021, le président Trump a déclaré à ses partisans déjà contrariés par le résultat de l'élection, "Si vous ne vous battez pas comme un enfer, vous n'aurez plus de pays." En raison de son langage conflictuel, des milliers de ses partisans ont marché à l'intérieur du bâtiment du Capitole ou du congrès où les membres du Congrès, y compris les sénateurs et la chambre des représentants, comptaient le vote du collège électoral pour officialiser la victoire de Biden. Les manifestants ont scandé: Pendez Mike Pence. La police du Capitole et la police métropolitaine de DC ont fait de leur mieux, mais n'ont pas pu empêcher la foule d'entrer au Congrès. En conséquence, cinq personnes ont été tuées. Un policier et quatre manifestants. Les membres du Congrès ont dû fuir pour sauver leur vie, y compris le vice-président des États-Unis d'Amérique. Les manifestants ont fait beaucoup de dégâts dans les bureaux de nombreux membres du Congrès, notamment en vandalisant le bureau de Nancy Pelosi qui est l'actuelle présidente de la maison des représentants en 2021. Si les États-Unis d'Amérique avaient un régime de gouvernement parlementaire comme le Canada, l'Allemagne et l'Italie, cela ne serait jamais produit.

Présidentialisme et la Crise au Honduras en 2009

Le président Manuel Zelaya a été démis de ses fonctions par l'armée hondurienne sur la base d'une décision de justice présentée par la Cour suprême du pays. Il a d'abord été transféré au Costa Rica, puis en République dominicaine. L'organisation des États américains, les Nations Unies et l'Union Européenne ont condamné le coup d'État contre Zelaya. Les manifestants soutenant le coup d'État et les manifestants opposés au coup d'État défilaient dans tout le pays. Les ambassadeurs de Cuba, du Venezuela et du Nicaragua ont été arrêtés et battus par les troupes honduriennes. On pense qu'il a été démis de ses fonctions parce qu'il a ignoré la Cour suprême appelant à annuler un référendum pour réécrire la constitution du pays. Le président Barack Obama n'a pas fait grand-chose pour soutenir le retour au pouvoir du président Zelaya même s'il n'a pas ouvertement approuvé son éviction. Après Zelaya, les États-Unis ont fourni plus de 200 millions de dollars d'aide au Honduras entre 2009 et 2016

Présidentialisme et la Crise au Venezuela en 2002

Le président Hugo Chavez a été élu en 1998. Il prévoyait d'avoir une nouvelle constitution pour le pays qui a voté un référendum à plus de 70%. Sa popularité et son amitié avec Cuba, entre autres, n'étaient pas les bienvenues de tous. Le président Hugo Chavez a été démis du pouvoir pendant environ 2 jours avant de revenir au pouvoir par le peuple vénézuélien et les syndicats. Le rang modéré de l'armée vénézuélienne a joué un rôle clé dans le retour du président au pouvoir. Le président Hugo Chavez a nommé des personnes de son entourage à des postes importants dans les compagnies pétrolières et à d'autres postes clés du gouvernement. Au moins un million de personnes marchaient contre cette situation. Le mouvement était organisé par l'opposition fidèle aux États-Unis, au Canada et à l'Union européenne. Pedro Carmono, le directeur de la chambre de commerce du Venezuela a été déclaré président du pays. Il a dissous le parlement, la cour suprême du pays et a déclaré que la constitution de 1999 n'était pas valide. Il était considéré comme un danger pour la survie de la démocratie au Venezuela par la population du pays.

Quelques autres Pays avec un Gouvernement ou régime Présidentiel

Mexique

Le Mexique ou les États-Unis mexicains sont une fédération dont le gouvernement est représentant, démocratique et républicain basé sur un système présidentiel selon la Constitution de 1917. La constitution établit trois niveaux de gouvernement : l'Union fédérale, les gouvernements des États et les gouvernements municipaux. Selon la constitution, tous les États constitutifs de la fédération doivent avoir une forme républicaine de gouvernement composée de trois branches : l'exécutif, représenté par un gouverneur et un cabinet nommé, le pouvoir législatif ou le congrès et le pouvoir judiciaire, qui comprendra la Cour suprême de justice. Ils ont également leurs propres codes civil et judiciaire.

Le corps législatif est le bicaméral Congrès de l'Union, composé du Sénat de la République et la Chambre des députés. Le Congrès fait loi fédérale, déclare la guerre, impose des impôts, approuve le budget national et les traités internationaux et ratifie les nominations diplomatiques.

Le Congrès fédéral, ainsi que les législatures des États, sont élus par un système de vote parallèle qui comprend la pluralité et représentation proportionnelle. La Chambre des députés compte 500 députés. Parmi ceux-ci, 300 sont élus par vote de pluralité dans des districts uninominaux.

Les circonscriptions électorales fédérales et 200 sont élus au scrutin proportionnel avec listes de partis fermées pour lequel le pays est divisé en cinq circonscriptions électorales.

Le Sénat est composé de 128 sénateurs. Parmi ceux-ci, 64 sénateurs (deux pour chaque État et deux pour la ville de Mexico) sont élus à la majorité par deux; 32 sénateurs sont la première minorité ou le premier finaliste (un pour chaque État et un pour la ville de Mexico), et 32 sont élus à la représentation proportionnelle à partir de listes nationales de partis fermés.

L'exécutif est le Président des États-Unis mexicains, qui est le chef d'état et gouvernement, aussi bien que le commandant en chef des forces militaires mexicaines. Le président nomme également le Cabinet et d'autres officiers. Le président est responsable de l'exécution et de l'application de la loi et a le pouvoir de veto.

Le plus haut organe de la branche judiciaire du gouvernement est la Cour suprême de justice, qui compte onze juges nommés par le Président et approuvés par le Sénat. La Cour suprême de justice interprète les lois et juge les affaires de compétence fédérale. Les autres institutions judiciaires sont les Tribunaux électoraux fédéraux, les tribunaux collégiaux, unitaires et de district, et le Conseil de la magistrature fédérale.

Brésil

Le Brésil est une république fédérale démocratique, avec un système présidentiel. Le président est à la fois chef de l'Etat et chef du gouvernement de l'Union et est élu pour un mandat de quatre ans, avec possibilité de réélection pour un second mandat successif. Le président nomme les Ministres d'État, qui aident au gouvernement. Les chambres législatives de chaque entité politique sont la principale source de droit au Brésil. Le Congrès national est la législature bicamérale de la Fédération, composée de la Chambre des députés et du Sénat fédéral. Les autorités judiciaires exercent presque exclusivement des fonctions juridictionnelles. Le Brésil est une démocratie, selon l'Indice de démocratie 2010.

L'organisation politico-administrative de la République fédérative du Brésil comprend l'Union, les États, le district fédéral et les municipalités. L'Union, les États, le district fédéral et les municipalités sont les « sphères de gouvernement ». La fédération repose sur cinq principes fondamentaux : la souveraineté, la citoyenneté, la dignité de l'être humain, les valeurs sociales du travail et la liberté d'entreprise, et pluralisme. Les branches tripartites classiques du gouvernement (exécutif, législatif et judiciaire dans le cadre d'un système de freins et contrepoids) sont formellement établies par la Constitution. L'exécutif et le législatif sont organisés indépendamment dans les trois sphères de gouvernement, tandis que le pouvoir judiciaire est organisé uniquement dans les sphères fédérales, des États et du district fédéral.

Tous les membres des pouvoirs exécutif et législatif sont élus directement. Les juges et autres fonctionnaires judiciaires sont nommés après avoir réussi les examens d'entrée. Pendant la majeure partie de son histoire démocratique, le Brésil a eu un système multi parti et la représentation proportionnelle. Le vote est obligatoire pour les alphabétisés âgés de 18 à 70 ans et facultatif pour les analphabètes et ceux entre 16 et 18 ans ou plus de 70 ans.

Avec plusieurs petits partis, quatre partis politiques se démarquent : Parti des travailleurs(PT), Parti social-démocrate brésilien(PSDB), Mouvement démocratique brésilien(MDB) et Démocrates(DEM). Quinze partis politiques sont représentés au Congrès. Il est courant que les politiciens changent de parti, et donc la proportion de sièges au Congrès détenus par des partis particuliers change régulièrement. Presque toutes les fonctions gouvernementales et administratives sont exercées par des autorités et des agences affiliées à l'exécutif.

Chili

La Constitution du Chili a été approuvé dans un plébiscite- considéré comme «très irrégulier» par certains observateurs - en septembre 1980, sous la dictature militaire d'Augusto Pinochet. Elle est entrée en vigueur en mars 1981. Après la défaite de Pinochet dans le Plébiscite de 1988, la Constitution a été amendée pour alléger les dispositions relatives aux futurs amendements à la Constitution. En septembre 2005, le président Ricardo Lagos a promulgué plusieurs amendements constitutionnels adoptés par le Congrès. Ceux-ci incluent l'élimination des postes de sénateurs nommés et sénateurs à vie, accordant au Président le pouvoir de révoquer les commandants en chef des forces armées et réduisant le mandat présidentiel de six à quatre ans.

Le Chili a un système de gouvernement présidentiel où le président est élu pour quatre ans. Le Congrès du Chili a 38 Sénateurs et 120 membres pour la chambre des députés. Les sénateurs servent pendant huit ans avec des mandats échelonnés, tandis que les députés sont élus tous les 4 ans.

Les élections au Congrès chilien sont régies par un système binomial qui, pour la plupart, récompense les deux plus grandes représentations de manière égale, souvent indépendamment de leur soutien populaire relatif. Les partis sont donc contraints de former de larges coalitions et, historiquement, les deux plus grandes coalitions (Concertación et Alianza) se sont partagé la plupart des sièges. Ce n'est que si le premier billet de la coalition l'emporte sur la deuxième coalition par une marge de plus de 2 contre 1 que la coalition gagnante remporte les deux sièges, ce qui tend à enfermer la législature dans une répartition d'environ 50 à 50.

Le pouvoir judiciaire chilien est indépendant et comprend une cour d'appel, un système de tribunaux militaires, un tribunal constitutionnel et la Cour suprême du Chili.

CHAPITRE 4

DÉMOCRATIE PARLEMENTAIRE : LA SEULE SOLUTION DURABLE À LA CRISE POLITIQUE ACTUELLE EN HAÏTI

Le troisième et dernier système est le système parlementaire de gouvernement ou régime parlementaire. Ce système a au moins 300 ans. Il trouve son origine au Royaume-Uni dans les premières années du 17e siècle. Ce système est caractérisé par le peuple qui vote pour un parlement (sénateurs et députés) et le parlement choisit un président de cérémonie et les membres de la chambre des députés ou de la chambre basse forment le gouvernement. Les pays qui utilisent ce système aujourd'hui sont : le Royaume-Uni, l'Allemagne, le Canada, les Bahamas, la Jamaïque, l'Afrique du Sud, Trinidad-et-Tobago, la Grèce, l' Ethiopie et bien d'autres.

Selon des recherches effectuées par des institutions mondiales telles que la Banque Mondiale, l'Institut Legatum, l'Université de Yale et bien d'autres, ce système est le meilleur système de gouvernement pour les pays qui sont ethniquement, politiquement et idéologiquement divisés. Il est plus facile de légiférer dans un système parlementaire de gouvernement. Le pouvoir est réparti plus équitablement entre les différentes commissions parlementaires. Un président autoritaire est presque impossible dans ce système. J'ai entendu des gens dire que nous avons eu un système de gouvernement parlementaire dans le pays, cela n'a jamais été le cas. Nous avons eu des cas où le parlement choisit le président, cela ne veut pas dire un système de gouvernement parlementaire. Je fais de la recherche en sciences sociales depuis 20 ans, le système parlementaire est très stable. Le choix de ce système de gouvernement sera la décision la plus sage de tout homme politique ou intellectuel en Haïti. J'ai entendu des gens dire que la constitution devrait être amendée, c'est vrai mais nous pouvons commencer par des décrets présidentiels et des mouvements intellectuels. Au moins 15 des 20 pays les plus riches du monde ont un gouvernement parlementaire.

Le parlementarisme est considéré comme plus flexible, permettant des changements dans les législations et les politiques tant qu'il y a un parti majoritaire au parlement ou qu'il y a un gouvernement de coalition. Les politiciens dans un système parlementaire sont plus responsables et sont plus surveillés. Les politiciens qui ne font rien dans le système de gouvernement présidentiel sont très rares dans le système de gouvernement parlementaire. Puisque le député élu est également membre du gouvernement, cette personne a la responsabilité ultime de delivrer. Les circonscriptions électorales du système parlementaire ont tendance à être plus petites par rapport à un système de gouvernement présidentiel. La circonscription électorale qui a élu le premier ministre Justin Trudeau au Parlement canadien a une population de moins de 150 000 personnes en 2020. Cela rend Justin Trudeau plus responsable envers les gens de cette circonscription. Nous savons qu'il est le premier ministre de tout le Canada, mais seul un petit district a voté pour lui. Dans notre pays bien-aimé Haïti, les grands districts votent pour les sénateurs, les députés, les maires, le président. Cela les rend de moins en moins responsables envers les gens qu'ils représentent. Des études après des études ont montré que plus le district est petit, plus le politicien de ce district est responsable.

En France, il existe des communes de moins de 100 habitants. Cela rend les politiciens de plus en plus responsables. Au fait, la France a utilisé le modèle parlementaire ou le régime d'assemblée pour ses lois de décentralisation des années 1980. Dans un système parlementaire, le pouvoir est mieux réparti entre les différents comités et commissions du parlement. Dans le système présidentiel, un homme a entre ses mains tout le pouvoir exécutif du pays. Le Premier ministre dans un système parlementaire ne peut pas prendre la décision unilatérale que les présidents prennent dans le système présidentiel de gouvernement. Les politiciens superstars que l'on retrouve dans les républiques présidentielles sont très rares dans les gouvernements parlementaires. Les élections dans les systèmes parlementaires sont plus pacifiques puisque les électeurs ne votent pas pour un président au pouvoir mais pour des députés. En France, les électeurs ne votent pas directement pour les maires, les présidents des assemblées départementaux et les présidents des régions. Cela rend l'élection plus pacifique que dans des pays comme Haïti où les maires et les présidents sont élus directement par le peuple. Des pays comme l'Allemagne, l'Italie et l'Éthiopie avaient autrefois un système de gouvernement présidentiel ou un système de gouvernement populiste, maintenant ils ont un système de gouvernement parlementaire et ils sont beaucoup plus stables. En Haïti, nous ne pouvons pas nous permettre de rester avec ce système semi-présidentiel, il est plus chaotique qu'on le pense. Nous devons faire ce que les recherches indiquent que nous devons faire, c'est-à-dire adopter un système parlementaire le plus tôt possible.

Autres Pays Dotés d'un Système de Gouvernement Parlementaire ou régime parlementaire

Royaume-Uni

Le Royaume-Uni a un gouvernement parlementaire basé sur le Système de Westminster qui a été copié dans le monde entier. Un héritage de l'Empire Britannique. Le parlement du Royaume-Uni se réunit au Palais de Westminster et a deux chambres : La Chambre des communes et la Chambre des lords. Tous les projets de loi adoptés sont sujet a des signatures royales avant de devenir loi.

La position de premier ministre, le chef du gouvernement du Royaume Uni, appartient à la personne la plus susceptible de commander confiance de la Chambre des communes; cet individu est généralement le chef du parti politique ou de la coalition de partis qui détient le plus grand nombre de sièges dans cette chambre. Le premier ministre choisit un cabinet et ses membres sont officiellement nommés par le monarque pour former le Gouvernement de Sa Majesté. Par convention, le monarque respecte les décisions du gouvernement du premier ministre.

Le cabinet est traditionnellement issu des membres du parti ou de la coalition du Premier ministre et principalement de la Chambre des communes, mais toujours des deux chambres législatives, le cabinet étant responsable des deux. Le pouvoir exécutif est exercé par le Premier ministre et le cabinet, tous assermentés du Conseil privé du Royaume-Uni, et deviennent Ministres de la Couronne. Pour les élections à la Chambre des communes, le Royaume-Uni est divisé en 650 circonscriptions, chacun élisant un seul membre du parlement (MP) par pluralité simple. Des élections générales sont appelées par le monarque lorsque le Premier ministre le conseille. Avant la Loi de 2011 sur les parlements à durée déterminée, la Lois du Parlement de 1911 et 1949 exigeait qu'une nouvelle élection soit déclenchée au plus tard cinq ans après l'élection générale précédente.

Le Parti conservateur, le Parti travailliste et les Démocrates libéraux (anciennement connus comme le Parti libéral) ont, dans les temps modernes, été considérés comme les trois grands partis politiques, représentant les traditions britanniques de conservatisme, socialisme et libéralisme, respectivement.

Japon

Le Japon est un etat unitaire et monarchie constitutionnelle dans lequel la puissance de l'empereur se limite à un rôle cérémoniel. Il est défini dans la Constitution comme « le symbole de l' etat et de l'unité du peuple ». Le pouvoir exécutif est exercé par le Premier ministre du Japon et son Cabinet, dont la souveraineté appartient au peuple japonais.

L'organe législatif japonais est le Diète nationale, un parlement bicaméral. Il se compose d'une Chambre des députés avec 465 sièges, élus par vote populaire tous les quatre ans ou en cas de dissolution, et une Chambre supérieure des conseillers avec 245 sièges, dont les membres élus par le peuple ont un mandat de six ans. Il y a suffrage universel pour les adultes de plus de 18 ans, avec un vote à bulletin secret pour tous les postes élus. Le premier ministre est le chef du gouvernement et est nommé par l'empereur après avoir été désigné parmi les membres de la Diète. En tant que chef du cabinet, le Premier ministre a le pouvoir de nommer et de révoquer les Ministres d'État.

Historiquement influencé par Loi chinoise, le Système juridique japonais a été développé indépendamment pendant la période Edo à travers des textes tels que Kujikata Osada megaki. Cependant, depuis la fin du XIXe siècle, le système judiciaire a été largement basé sur le droit civil de l'Europe, notamment l'Allemagne. En 1896, le Japon a établi un code civil basé sur l'allemand Bürgerliches Gesetzbuch, qui reste en vigueur avec les modifications post-Seconde Guerre mondiale. La Constitution du Japon, adoptée en 1947, est la plus ancienne constitution non amendée au monde. La loi statutaire trouve son origine dans la législature, et la Constitution exige que l'Empereur promulgue la législation adoptée par la Diète sans lui donner le pouvoir de s'opposer à la législation. Le corps principal du droit statutaire japonais est appelé le Six codes. Le système judiciaire japonais est divisé en quatre niveaux de base : court Suprème et trois niveaux de tribunaux inférieurs.

Italie, Inde et Israël

L'Italie a un gouvernement parlementaire basé sur une representation proportionnelle et un système de vote majoritaire. Le parlement est parfaitement bicaméral : les deux chambres, la Chambre des députés avec 630 députés élus pour environ cinq ans à moins qu'il y ait une élection anticipée et que les députés se réunissent en Palazzo Montecitorio, et le Sénat de la République avec 315 membres élus pour cinq ans qui se réunissent en Palais Madama, ont les mêmes pouvoirs. Le premier ministre, officiellement Président du Conseil des ministres (Presidente del Consiglio dei Ministri), est le chef du gouvernement. Le Premier ministre et le cabinet sont nommés par le président de la République italienne et doivent passer un vote de confiance au Parlement pour entrer en fonction.

Le président de la République italienne est élu par un collège électoral d'environ 1 000 membres. Il comprend les deux chambres du Parlement italien – la Chambre des députés et le Sénat de la République : réunion dans une session conjointe, combiné avec 58 électeurs spéciaux nommés par les conseils régionaux de chacun des 20 régions d'Italie. Trois représentants viennent de chaque région (sauf pour la Vallée d'Aoste, qui en raison de sa petite taille n'en nomme qu'un), afin de garantir la représentation de toutes les localités et minorités. Le collège électoral se compose ainsi : 630 députés, 315 sénateurs et 58 représentants régionaux.

Selon la Constitution, l'élection doit être tenue par un vote à bulletin secret, avec les sénateurs, les députés et les représentants régionaux participent au processus de vote. Une vote aux deux tiers est tenu d'élire à l'un des trois premiers tours de scrutin et après majorité simple suffirait. Le nombre de tours a souvent été important grâce au scrutin secret et à la fragmentation du Parlement italien. L'élection est présidée par le Président de la Chambre des députés, qui demande le dépouillement public des votes. Le vote a lieu dans le Palazzo Montecitorio, siège de la Chambre des députés, qui est agrandi et reconfiguré pour l'événement.

La structure de la justice italienne est divisée en trois niveaux : les tribunaux inférieurs de juridiction d'origine et de juridiction générale. Cours d'appel intermédiaires qui connaissent les affaires en appel des juridictions inférieures. Les tribunaux de dernier ressort qui entendent les appels des juridictions d'appel inférieures sur l'interprétation de la loi.

Ce modèle italien où les sénateurs et les députés, qui représentent des districts différents sont élus en une seule élection pendant cinq ans, fonctionnera parfaitement en Haïti et dans tout autre pays en développement avec des modifications pour les réalités culturelles d'Haïti et des autres pays.

Dans ce chapitre, ce serait une erreur si j'oublie l'Inde, la plus grande démocratie et la plus grande démocratie parlementaire du monde. L'un des plus grands pays en taille, en population et en économie. Le président, le vice-président, le premier ministre et les autres ministres sont tous choisis par le parlement. ce pays a un système de justice bien organisé et fonctionnel.

Comme l'Inde, Israël a un système de gouvernement parlementaire où le président, le premier ministre et les autres ministres sont choisis par le parlement. Israël a le système de gouvernement le plus démocratique du Moyen-Orient. Le parlement est monocaméral, ce qui signifie qu'une seule chambre. Ce modèle de parlement à une chambre ne fonctionnera pas bien en Haïti en raison de la culture politique du pays. Son système judiciaire est bien organisé et fonctionne bien.

Grèce et Ethiopie

La Grèce est le berceau de la démocratie. Aujourd'hui, le pays a un système de gouvernement parlementaire où les gens du pays élisent le parlement monocaméral et le Parlement choisit le président. Le gouvernement vient de l'interieur du parlement. Son système judiciaire est bien organisé. Tout comme la Grèce, l'Éthiopie a un système de gouvernement parlementaire basé sur la constitution de 1995. Le gouvernement vient de la chambre des représentants du peuple ou de la chambre basse. Le président est choisi par le parlement avec un pouvoir limité. Le pays a un système de justice bien fonctionnel.

CHAPITRE 5

LA PÉRIODE CONSTITUTIONNELLE

J'ai classé l'histoire d'Haïti en six périodes principales. Vous n'avez pas besoin d'être d'accord avec moi car ce n'est pas un fait scientifique. C'est juste la façon dont je comprends le pays. Par exemple, vous pouvez classer l'histoire d'Haïti en autant de périodes que vous le souhaitez. Tant que vous pouvez donner une explication logique à cela, ce ne sera pas un problème majeur. Les six périodes qui existent dans l'histoire haïtienne selon ma connaissance sont : l'esclavage, la division, l'occupation américaine, la dictature des Duvalier, la constitution et l'administration. Dans ce chapitre, je traite précisément la Période Constitutionnelle ou ce que j'appelle la crise constitutionnelle. Nous avons déjà traversé quatre périodes et c'est un progrès politique. Beaucoup de gens ne sont pas d'accord pour dire que nous avons fait des progrès sur le plan politique parce qu'ils regardent l'économie et non notre histoire politique. Nous avons mis fin à l'esclavage en déclarant Haïti nation indépendante le 1er janvier 1804. Merci à des pères fondateurs tels que : Toussaint l'Ouverture, Jean Jacques Dessalines et Henri Christophe. Juste après l'indépendance, le pays a été divisé en deux : le royaume du Nord et la République du Sud. Henri Christophe était le chef en charge du Royaume du Nord et Alexandre Pétion était en charge de la République du Sud. Avec le président Jean Pierre Boyer, le pays était unifié en une seule République. En 1815, à cause des troubles politiques dans le pays, nous avons été soumis à l'occupation américaine. L'occupation américaine a pris fin en 1934 et c'était la fin de la période d'occupation d'une manière physique. Quelques années après l'Occupation, le docteur François Duvalier est élu président et plus tard président à vie. Ce fut le début de la dictature Duvalier.

La dictature de Duvalier prit fin en 1986 avec le départ de Duvalier Jr. ou Jean Claude Duvalier pour la France. En 1987, une nouvelle constitution a été ratifiée et a établi un système de gouvernement semi-présidentiel ou régime semi-présidentiel dans le pays. Le système de gouvernement semi-présidentiel établi par la constitution dans le pays n'a pas réussi. Les intellectuels haïtiens qui ont rédigé la constitution de 1987 ont raté une occasion en or de créer une Haïti meilleure et de nous placer dans notre dernière période qui est la période administrative. Les gens blâment des pays comme les États-Unis et la France pour la constitution de 1987. Le fait est qu'ils n'ont pas imposé la constitution à l'élite politique du pays. Ils ont fait le choix de créer pour eux-mêmes et pour le peuple haïtien un système de gouvernement qui ne peut pas réussir dans un pays comme Haïti. Le pays est trop divisé pour qu'un système de gouvernement semi-présidentiel ait de bons résultats. Si vous remarquez, je ne mentionne pas l'armée comme faisant partie du problème. La raison en est que l'armée est le problème depuis l'assassinat de Jean Jacques Dessalines à la présidence de Jean Bertrand Aristide. Si, par exemple, l'élite politique formait un système de gouvernement parlementaire dans la constitution de 1987, il serait plus difficile pour l'armée de renverser le gouvernement puisque le gouvernement serait à l'intérieur du parlement et non entre les mains d'une personne appelée président. L'histoire a prouvé que les gouvernements militaires ne fonctionnent pas. Il peut y avoir un peu de succès ici et là, mais fondamentalement, les gouvernements militaires du monde entier n'ont été que des échecs. La raison simple en est que l'armée n'a jamais été formée pour diriger le pays mais pour lutter contre les envahisseurs qui envahissent le pays. En fait, l'histoire a prouvé que l'armée est la source de l'instabilité politique dans la plupart des pays instables du monde.

La Constitution de 1801

Au total, 23 constitutions ont été proclamées en Haïti. Comme je l'ai mentionné ci-dessus, l'une des principales raisons pour lesquelles ces constitutions n'ont jamais eu un impact sérieux sur le pays est à cause des régimes militaires. En fait, les régimes militaires étaient la principale raison pour laquelle nous avons eu autant de constitutions en Haïti. La constitution de 1801 était connue sous le nom de constitution de Toussaint Louverture. La constitution a nommé Toussaint gouverneur à vie et lui a donné le droit de nommer son successeur à la tête du gouvernement du pays. Toussaint Louverture était le principal leader de la révolution haïtienne. Cette révolution réussie a fait d'Haïti la première république noire indépendante au monde et a ébranlé l'institution de l'esclavage dans tout le Nouveau monde qui comprenait les Amériques du Nord, du Centre, du Sud et les Caraïbes. Toussaint est né au Cap Haïtien dans la plantation de Breda. On pense que le parrain de Toussaint l'a aidé dans son éducation. En ce qui concerne sa famille, Toussaint était marié à Suzanne Simone Baptiste Louverture et avait plusieurs enfants. L'un des enfants de Toussaint les plus connus est Placide. Des historiens haïtiens pensaient qu'il était le fils aîné. En matière de religion, Toussaint était un catholique fervent et n'était pas en faveur du vaudou. Certains historiens pensent que c'est la raison pour laquelle le catholicisme a eu un tel impact sur le pays bien après la mort de Toussaint. La première alliance de Toussaint à Saint Domingue était avec les Français contre les Espagnols qui tentaient de contrôler l'île. Après que les Français et les Espagnols aient trouvé une voie pour la paix à Saint Domingue, le jeu politique a changé.

La relation entre Toussaint et la France s'est détériorée au point que Toussaint s'est pleinement aligné pour la cause noire à Saint Domingue. En 1801, l'objectif de la France était de donner à Saint Domingue une constitution qui rétablirait peut-être l'esclavage sur l'île. Toussaint a fait le pas intelligent en rédigeant une constitution qui rendrait Saint Domingue indépendant des lois françaises. La constitution a précisé que toutes les races et toutes les couleurs sont égales devant la loi. Toussaint a promu la foi catholique romaine sur le vaudou en tant que religion d'État d'Haïti. Les Français ont résisté à la constitution parce qu'ils voulaient rétablir l'esclavage sur l'île. Les Français affirmaient que la Constitution ne leur faisait pas de place dans le commerce avec Saint Domingue.

Ils ont affirmé que leurs fonctionnaires étaient exclus du gouvernement. Toussaint a été trahi par Jean Baptiste Brunet, un général français. Il est mort en France d'une maladie cérébrale. La constitution de Toussaint ou la constitution de 1801 a été un point de départ dans la lutte pour une Haïti démocratique.

La Constitution de 1805

La constitution de 1805 était également connue sous le nom de la constitution de Jean Jacques Dessalines. Cette constitution interdisait aux blancs de posséder des terres en Haïti et déclarait la liberté de religion. Contrairement à la constitution de 1801 qui reconnaissait l'Église Catholique Romaine comme religion d'État du pays, cette constitution indiquait clairement que les gens étaient libres de pratiquer le Vaudou ou le Catholicisme Romain. Jean Jacques Dessalines est né dans le département Nord d'Haïti sur la commune de Cornier. Il est né en esclavage et a été élevé comme officier de l'armée sous Toussaint Louverture. Il a rejoint la rébellion des esclaves de 1791. Ses tactiques de lutte pour la liberté lui ont valu la popularité et le respect de tous les Noirs, y compris Toussaint. Il a mené de nombreux engagements réussis dont les prises de villes haïtiennes telles que Jacmel, Petit Goave, Miragoane et Anse-à-veau. Dessalines était très célèbre pour avoir brûlé des villages entiers où vivaient des propriétaires d'esclaves. Dessalines est célèbre pour avoir vaincu les forces françaises envoyées par Napoléon sous la direction du général Charles Leclerc dans la bataille connue sous le nom de Crête-à-Pierrot. Charles Leclerc mourra plus tard de la fièvre jaune et sera remplacé par le général Rochambeau de France. Jean Jacques Dessalines vaincra plus tard Rochambeau et les troupes françaises dans la bataille de Vertières. Cette bataille finale préparera le terrain pour que Dessalines déclare son indépendance le 1er janvier 1804. Jean Jacques Dessalines mène la seule révolte d'esclaves réussie dans l'histoire des Noirs sur toute la terre. C'est après cette indépendance que la constitution a été rédigée. La constitution a fait de lui l'empereur à vie et d'autres personnes n'étaient pas satisfaites de cela. Il a été trahi par des gens qu'il croyait être ses amis. La mort de Dessalines a fait place à un nouveau chef et donc à une nouvelle constitution. La mort de Dessalines allait finalement déclencher une réaction en chaîne des constitutions après des constitutions alors que le leadership du pays change au fur et à mesure, de jour et de nuit jusqu'à la présidence de Jean Pierre Boyer.

La Constitution de 1807

La constitution de 1807 reconnaît le Nord comme État ou État du Nord. La constitution reconnaît Henri Christophe comme le roi du nord. Tout comme la constitution de 1801, le catholicisme a été reconnu comme la religion principale ou la seule religion officielle et le divorce parmi les couples mariés a été découragé. Certains pensent qu'Henri Christophe est né dans le pays de la Grenade. D'autres pensent qu'il est né en Haïti. Peu importe où il est né, il était l'un des pères fondateurs d'Haïti. Pendant la Révolution haïtienne, il a combattu sous Toussaint Louverture qui l'a promu général. Avec Toussaint et Dessalines, il réussit très bien à combattre les Français, les Espagnols et les Britanniques. Après que Toussaint ait été capturé et envoyé en France, il s'est rangé du côté de Dessalines dans la lutte pour l'indépendance d'Haïti. Après l'indépendance d'Haïti, la gouvernance du pays n'était pas clair puisque les mulâtres et les Noirs étaient méfiants entre eux. Après l'assassinat de Dessalines, Christophe se retire au Nord. Il ne faisait pas confiance à Alexandre Petion ou aux autres dirigeants mulâtres. En 1805, Christophe envahit la République dominicaine sous l'ordre de Jean Jacques Dessalines pour défendre les Noirs qui vivaient sur cette partie de l'île.

Les soldats français tuaient et maltraitaient sévèrement les Noirs de ce côté du pays. Cette invasion n'a pas été si réussie mais a clairement envoyé un message aux soldats français là-bas. En tant que président du royaume du Nord, Christophe, avec sa nouvelle constitution, a réussi à construire l'immense citadelle Laferrière. Il a réussi à avoir de bonnes relations avec les États-Unis et de bonnes relations commerciales avec l'Empire britannique. Les Britanniques ont convenu avec Christophe de ne pas importer de nouveaux esclaves dans les Caraïbes et Christophe a convenu avec les Britanniques de ne pas menacer ses colonies dans les Caraïbes. Pendant ce temps, les Français et les Britanniques étaient en guerre et Christophe se rangeait du côté des Britanniques contre les Français. La constitution de 1807 a donné au Roi Christophe suffisamment de pouvoir pour rendre le Nord très prospère. En fait, le Nord était plus prospère que la République du Sud contrôlée et organisée par le président Alexandre Pétion. Pour Christophe, les mulâtres étaient les ennemis domestiques des Noirs et ne voulaient pas d'eux dans son gouvernement du Nord. Sa constitution ou la constitution de 1807 ne prévoyaient aucune disposition pour accueillir les mulâtres au Nord.

La Constitution de 1816

La constitution de 1816 était une version révisée de la constitution de 1806. Elle était connue sous le nom de constitution de Pétion. Elle a créé un Parlement bicaméral et a établi Alexandre Petion comme président jusqu'à sa mort. Les membres du sénat dans la constitution de Pétion n'ont pas été élus par le peuple haïtien mais par la chambre basse ou la chambre des députés. Les membres de la chambre des députés devaient suivre la liste soumise par le président Pétion. Ce n'était pas comme s'ils étaient libres d'élire ceux qu'ils voulaient élire. Cette constitution a été calquée sur les constitutions précédentes telles que la constitution de Toussaint en 1801 et la constitution de Christophe en 1807. Cette constitution donnait la citoyenneté à toute personne vivant dans la République du Sud après 1 an de résidence. Alexandre Petion est né à Port-au-Prince d'un père blanc et d'une mère noire. Il a combattu l'invasion britannique de l'île de Saint Domingue. Petion s'est d'abord allié avec les Français. Après la déportation de Toussaint, Il s'est rendu compte que les Français voulaient rétablir l'esclavage sur l'île et il s'est aligné avec Dessalines pour la lutte contre les Français. Tout comme avant, après l'indépendance haïtienne, il y a eu des tensions entre les Noirs et les Mulâtres et Petion s'est aligné avec les mulâtres. On pense que Pétion avait quelque chose à voir ou a participé à l'assassinat de Jean

Jacques Dessalines. En ce qui concerne l'assassinat de Jean Jacques Dessalines, personne ne saura jamais avec certitude l'auteur du crime car il a créé des ennemis de part et d'autre à cause de la révolution. Dans la partie du pays de Pétion ou dans la République du Sud, il a saisi la terre d'un riche propriétaire foncier et l'a distribuée à ses partisans et aux pauvres du pays. Ils l'appelaient le père de bon cœur ou *papa bon kè*. Petion croyait fermement à l'éducation. Il était très respecté pour avoir fondé le Lycée Pétion qui est une célèbre école publique en Haïti sous le contrôle du gouvernement. En 1815, il accueille Simon Bolivar en Haïti et l'aide dans sa lutte pour l'indépendance en Amérique du Sud. Sous Pétion, Haïti a aidé des pays comme le Venezuela et d'autres dans leur lutte contre les règles européennes. La constitution de 1816 a duré au-delà de la présidence d'Alexandre Pétion. Après la mort du président Pétion de la fièvre jaune en 1818 et le suicide du roi Henri Christophe en 1820, Jean Pierre Boyer devient président et utilise la constitution de 1816 pendant son administration. En vertu de la constitution de 1816, Jean Pierre Boyer a uni le Royaume du Nord et la République du Sud en une seule nation. Il a ensuite envahi la partie orientale de l'île connue sous le nom de Saint Domingue et a dirigé toute l'île pendant une période de 25 ans.

La Constitution de 1843

Pendant la présidence de Charles Rivière Herard, Haïti a connu une constitution appelée Constitution de 1843. Selon cette constitution, les juges devaient être élus par le peuple au lieu d'être nommés par le président. La présidence à vie a été abolie. Le mandat du président a duré quatre ans. Le parlement s'est vu conféré le pouvoir de légiférer pour le pays. Il était impératif que l'armée suivait la loi du pays.

La Constitution de 1964

C'était la constitution de François Duvalier. Cette constitution établirait l'état pour ce que j'appelle la période Duvalier. Le président François Duvalier est devenu président en 1957. Il est né à Port-au-Prince et y a également grandi. Il a fréquenté l'Université d'Haïti et est devenu médecin. Il était très célèbre dans la lutte contre des maladies telles que le paludisme. Le président François Duvalier a vu la tourmente provoquée par l'occupation américaine. Il a été témoin de l'instabilité politique qui a suivi après le départ des derniers Marines américains en Haïti en 1934. Il était un fervent partisan du mouvement de la négritude lancé par l'intellectuel haïtien renommé Jean Price Mars. Ce mouvement était une philosophie pour l'émancipation des Noirs des règles françaises du monde entier. Le président François Duvalier entre en politique dans le gouvernement du président Dumarcais Estime en 1946. Le président l'a nommé directeur de la santé publique et du travail. Cette position donnerait à Duvalier la voix dont il avait besoin pour se rendre célèbre ou populaire dans le pays et devenir plus tard président à vie. L'élection présidentielle de 1957 était le moment idéal pour Duvalier. Toutes les balles étaient de son côté du terrain. François Duvalier n'avait que deux opposants à cette élection : Louis Dejoie, un riche mulâtre et Daniel Fignole, un bureaucrate du gouvernement sous Dumarcais

Estimé et président provisoire d'Haïti après la présidence de Dumarcais Estimé.

François Duvalier a battu Louis Dejoie en faisant savoir au peuple qu'il était mulâtre et que les mulâtres étaient responsables de la misère de la population noire. Étant donné que les noirs étaient plus nombreux que les mulâtres, ce fut une victoire facile pour Duvalier. François Duvalier a battu Louis Dejoie aux élections et Daniel Fignole a été contraint de quittter le pays contre son gré. Il a adopté une nouvelle constitution en 1957 pour lui faire de la place en tant que la seule persone au pouvoir. L'armée n'était pas satisfaite de la nouvelle constitution et a tenté de se passer de François Duvalier dans un coup d'État. Le coup d'État a échoué et le président a tué de nombreux chefs militaires et apporté des changements majeurs dans l'armée pour servir ses intérêts personnels et ceux de ses amis. Les Haïtiens exilés avec quelques Américains ont tenté des opérations secrètes pour renverser le gouvernement et n'ont pas réussi à vaincre François Duvalier et sa nouvelle constitution. Avec cette nouvelle constitution, le Dr Duvalier a solidifié son pouvoir dans toutes les institutions du pays. Il a soutenu le Vaudou sur l'Église catholique qui a été la religion d'État sous les gouvernements précédents, y compris sous Toussaint Louverture. Avec de plus en plus de pouvoir, Duvalier apporta quelques modifications à sa constitution de 1957. Il a réduit le parlement de deux chambres à une. Il était le seul candidat aux élections de 1961. En 1964, il a organisé un référendum constitutionnel qui l'a fait président à vie. Il voulait être président à vie, il était président à vie. Il mourut en 1971 en vertu de la constitution de 1964 qu'il écrivit pour son gain personnel et celui de sa famille et de ses amis.

La Constitution de 1987

La constitution de Duvalier de 1964 n'a pas été acceptée par le peuple haïtien, les intellectuels du pays et la communauté internationale. Le président Duvalier n'a pas été facile à démettre de ses fonctions en interne ou à l'international. Il était assez intelligent pour ne pas faire confiance à l'armée et créa sa propre armée ou le *tonton Makout*. Le *Tonton Makout* était prêt à commettre tout type de crime pour Duvalier. N'oubliez pas que le pays avait un gouvernement militaire depuis l'assassinat de Jean Jacques Dessalines. L'armée a nommé et a révoqué le président à leur guise. Pour diriger un pays en présence d'une telle armée, quelqu'un devait être très intelligent. Il devait être très intelligent au moins pour consolider le pouvoir. François Duvalier était ce type de personne. Après le départ de Jean Claude Duvalier pour la France en 1986, le décor était planté pour une nouvelle constitution. Le seul problème dans la création de cette constitution était le fait que Duvalier Jr était parti mais l'armée qui avait terrorisé le pays aux débuts de la république était toujours là. La constitution de 1987 a établi un système de gouvernement semi-présidentiel. Le président serait élu pour une période de cinq ans sans mandat consécutif. Cette constitution n'autorisait pas la double citoyenneté. Le parlement était composé de deux chambres. Les juges de la Cour supreme ou Cour de Cassation seraient nommés par le président lui-même. Avec la culture militaire du pays, la constitution n'a pas été respectée.

Ce système semi-présidentiel ou régime semi-présidentiel n'était pas le meilleur dans un pays aussi divisé politiquement qu'Haïti. Par conséquent, une série de gouvernement instable est arrivé au pouvoir jusqu'aux élections de 1990 qui élisent Jean Bertrand Aristide comme premier président démocratiquement élu du pays. D'autres pensaient que le professeur François Manigat était le premier président démocratiquement élu du pays. Ce sujet fait débat. Une chose est sûre, Jean Bertrand Aristide était extrêmement populaire en 1990. Il était très populaire principalement parmi les pauvres. Cette constitution n'a pas pu empêcher le coup d'État du 30 septembre 1991 contre le président Jean Bertrand Aristide. L'armée a pris le pouvoir comme elle l'a fait depuis plus de 150 ans. Elle a mis en place un gouvernement militaire sous la direction du général Raoul Cedras. Le président Jean Bertrand Aristide reviendra en Haïti en 1994 sous le soutien des Nations Unies et de l'administration Clinton. A son retour, le président Aristide démantelera l'armée qui avait semé la terreur en Haïti depuis l'assassinat de Jean Jacques Dessalines jusqu'au coup d'État du 30 septembre 1991 contre un président démocratiquement élu. Le président Aristide a estimé que le démantèlement de l'armée a été le plus grand succès de son administration. Je crois la même chose. Le président Joseph Michel Martelly a publié la version amendée de la constitution de 1987. Je salue l'idée que 30 % de tous les emplois gouvernementaux doivent être attribués aux femmes. Avec ce petit succès, les problèmes majeurs sont toujours là. Les articles qui reconnaissent l'existence de l'armée doivent être supprimés et un système de gouvernement parlementaire doit être mis en place au niveau national. S'il était urgent de modifier la constitution et de publier la version amendée, cette urgence n'est pas un Succès. Les problèmes majeurs sont toujours là. C'est pourquoi je pense que nous sommes toujours dans une crise constitutionnelle ou une période constitutionnelle.

La Période Constitutionnelle et les Élites du Pays

Un pays fonctionne comme le corps humain avec beaucoup de parties : la tête, le cou, le cœur, etc. Toutes ces parties nous rendent humains. Si une partie ne fonctionne pas, tout le corps est malade. C'est la même chose pour n'importe quelle société, y compris la nôtre, Haïti. J'ai eu la chance de travailler en tant que professeur d'école publique et j'ai également eu la chance de travailler dans certaines entreprises privées. C'était la même chose. Ces corporations ou l'école publique ont des départements différents. Si l'un ne travaille pas, toute l'entreprise ou toute l'école est handicapée. Un pays est composé de différents groupes de *Think tanks* appelés Élites. Si l'un ne prend pas sa responsabilité, le pays tout entier ne peut pas bien fonctionner.

Élites Intellectuelle, Politique et Économique

L'élite intellectuelle est définie comme un petit groupe de personnes éduquées qui se spécialisent dans la critique de la société dans leur domaine d'expertise pour améliorer les choses en proposant de nouvelles idées. C'est la première élite, l'élite ultime. Si un groupe de personnes doit être blâmé pour la situation difficile d'Haïti, ce doit être ce groupe. En Haïti, on a tendance à considérer l'élite intellectuelle comme un groupe de professeurs d'université, de professeurs de sciences sociales ou de politologues, historiens, économistes ou journalistes. La vérité est que le groupe est beaucoup plus grand que cela. Un musicien ou un joueur de football peut faire partie de l'élite intellectuelle tant qu'il est suffisamment éduqué dans son domaine d'études et qu'il souhaite apporter des changements pour le bien de tout le pays.

L'élite politique est définie comme un petit groupe d'élus ou de fonctionnaires nommés qui représentent le peuple ou l'intérêt du peuple dans le gouvernement ou la politique. Les maires, les délégués départementaux, les députés, les sénateurs, les ministres, les présidents, etc. font tous partie de l'élite politique. Même si l'élite politique tire son pouvoir du peuple, elle reçoit ses attributions de l'élite intellectuelle. Nous sommes dans une crise constitutionnelle en Haïti et cette constitution a été rédigée par l'élite intellectuelle pas nécessairement par les politiciens eux-mêmes. L'élite intellectuelle est l'ingénieur de la voiture tandis que l'élite politique en est le mécanicien. Le mécanicien ne peut pas aller au-delà de ce que l'ingénieur de la voiture lui a permis de faire. Depuis 30 ans, Haïti a eu de mauvais gouvernements non seulement à cause de politiciens corrompus mais aussi à cause de mauvaises idées proposées par des intellectuels dans les constitutions.

L'élite économique est constituée d'hommes d'affaires et de femmes d'affaires, de nouveaux entrepreneurs plus intéressés par le développement économique du pays que par la politique. L'élite économique peut être des Haïtiens locaux, des Haïtiens de la diaspora, des étrangers plus intéressés par les investissements à but lucratif. Tout en cherchant à s'améliorer financièrement, ils créent des opportunités d'emploi et développent physiquement le pays. Tout comme le corps humain, si l'élite intellectuelle et l'élite politique sont brisées, cette élite ne peut pas faire son travail. Ils sont tous liés. Les intellectuels et les politiciens en Haïti ont tendance à blâmer la bourgeoisie, la communauté internationale pour leur problème alors qu'ils ne font pas leur part. C'est de la pure hypocrisie. Dans cette période constitutionnelle ou crise constitutionnelle, l'élite économique doit faire des propositions pour l'amélioration du pays.

Élites Religieuse et Médicale

Différentes religions sont présentes en Haïti. Elles aident tout le pays spirituellement et socialement au moins à leurs propres yeux. Dans ce livre, je ne vais pas entrer dans la théologie de la religion pourquoi celle-ci est bonne et celle-là est mauvaise. Pourquoi celle-ci va nous emmener au paradis tandis que celle-la va nous emmener en enfer. Je ne vais pas dans cette voie. Ici, je me concentre davantage sur les églises : catholiques, pentecôtistes, baptistes, aventistes du septième jour, etc. et leur impact social. Je vis aux Etats-Unis depuis 20 ans où l'impact social des églises est de moins en moins pertinent. En conséquence, la famille et les mariages sont de plus en plus désorganisés et tout le pays en paie le prix. Par rapport aux États-Unis, l'élite religieuse a eu un impact plus positif en Haïti au cours des 30 dernières années. Aucune autre institution ne peut garder la famille unie, prêcher la morale, organiser une éducation aussi bonne que les églises. Cette élite devrait faire sa proposition pour une meilleure constitution pour le pays.

Le Dr Jerry Batar a été kidnappé puis relâché par des membres de gangs à Port-au-Prince, en Haïti en mars 2020. Pendant son enlèvement, tout l'hôpital, l'hôpital Bernard Mevs, où il travaille avec des infirmières et d'autres professionnels de la santé, a été fermé. Ils marchaient et exigeaient sa libération immédiate. On pense qu'il a été kidnappé afin de pouvoir aider à soigner un membre célèbre d'un gang qui a été blessé ou qui est tombé malade. Lorsqu'ils l'ont finalement libéré, le personnel de l'hôpital Bernard Mevs le reçoit en tant que président. Au début des années 1990, j'étais malade et j'ai fréquenté L'Hôpital général pendant quelques mois. Ils ont fait de leur mieux pour m'aider. L'élite médicale, tout comme les autres élites, est la clé d'une Haïti meilleure. Ils ne peuvent pas faire leur travail si les politiciens et les intellectuels ne font pas leur travail. Dans l'affaire du kidnapping du Dr Jerry Batar, Le président Jovenel Moise a déclaré que les membres du gang doivent prendre conscience. Ils ne vont pas prendre conscience. Le système politique doit être réorganisé pour empêcher ces actes d'animaux. Cette élite a un rôle à jouer dans la crise politique ou la crise constitutionnelle du pays.

Élites Scientifique et Technologique

J'ai grandi dans l'arrondissement de Port-au-Prince en Haïti dans la ville de Delmas. Partout où vous allez en Haïti, si je me souviens bien, il y avait ce qu'ils appelaient : école informatique ou ecole de sciences informatiques. Parfois, l'école n'a que 5 élèves. Ils ont leurs beaux uniformes et une belle valise ou un sac professionnel et prêts à apprendre. Le Haïti Tech Summit qui a amené Facebook, Google, AirBnB, Twitter, Amazon, etc. en Haïti au cours des 3 dernières années est une excellente initiative. La science et la technologie ont uni le monde et en ont fait une petite communauté. Ces entreprises sont en feu et prêtes à aider à reconstruire Haïti. Elles ont les connaissances et elles ont l'argent. Avec un pays en crise politique, leur travail est quelque peu handicapé. Elles doivent s'impliquer dans la création d'un meilleur gouvernement pour le pays.

Élites Sportive et Culturelle

La Covid-19 a causé la fermeture de toutes les activités sportives et culturelles à travers le monde en 2020. C'est la même chose en Haïti. Les figures sportives et culturelles du pays peuvent toujours apporter leur soutien au peuple haïtien à travers les voies technologiques (Facebook, Twitter, TV, Youtube, etc.). Emmanuel Sanon ou Manno Sanon, l'un des meilleurs footballeurs haïtiens a mis Haïti sur la carte mondiale lors de la Coupe du monde 1974 en Italie en raison de ses deux buts contre le célèbre gardien italien Dino Zoff. Zoff était très célèbre pour son expérience en tant que gardien de but pour l'équipe italienne. Ronald Agenor faisait partie des 25 meilleurs joueurs de tennis des années 1990. Récemment, j'ai découvert une liste sur Wikepedia des 100 grands peintres haïtiens. Des acteurs haïtiens comme

Languichate Debordus, Jesifra, Bicha, etc. ont apporté une énorme contribution à la culture haïtienne. Des acteurs comme Ronald Dorfeuille (Pyram), Jean Gardy Bien-Aimé, des groupes musicaux comme Tabou Combo, Tropicana, Septentrional, Yole de Rose, Ancy de Rose, Neymours Jean Baptiste, Manno Charlemagne et la liste est longue. Ils ont énormément contribué au développement du pays à travers la musique, le sport, la peinture, la cinématographie, etc. Cette élite et les autres élites non mentionnées dans ce chapitre doivent s'impliquer dans la création d'un meilleur gouvernement en Haïti.

CHAPITRE 6

LES PARTIS POLITIQUES

En ce qui concerne les partis politiques en Haïti, l'histoire n'est pas positive. Contrairement à nos voisins des Caraïbes, nous n'avons pas d'histoire stable en ce qui concerne l'organisation des partis politiques. En Jamaïque, par exemple, le parti national populaire actuel existe depuis 1938. Le parti travailliste jamaïcain existe depuis 1943. Aux Bahamas, le parti libéral progressiste a été fondé en 1953 et le FNM ou le Free National Movement ou mouvement national libre a été fondé en 1971. Ces deux pays mentionnés ici étaient autrefois des colonies de Grande-Bretagne. Cela signifie qu'ils n'étaient pas autorisés à former des partis politiques lorsque le gouvernement britannique était en charge. Ces pays ont mieux réussi à créer la stabilité politique que nous en Haïti n'avons pas réussi à créer. Nous pouvons prendre les États-Unis ou le Canada par exemple. Dans ses deux pays, L'histoire des partis politiques a été longue, solide et constitue un bon exemple à suivre pour créer un gouvernement stable. Le parti démocratique aux États-Unis a commencé dès 1830. Le parti républicain a également commencé tôt dans la politique américaine. Si je ne me trompe pas, le parti républicain remonte à 1854. Si on va au Canada, on trouvera exactement la même chose. L'histoire des partis politiques libéraux et conservateurs au Canada remonte au début et au milieu du XIXe siècle.

Et notre voisin la République dominicaine ? En République dominicaine, l'histoire des partis politiques remonte au milieu du XXe siècle. Le Parti réformiste social-chrétien, le Parti révolutionnaire dominicain social-démocrate et le Parti de la libération dominicaine sont bien connus dans tout le pays. Et la France ? Bien, même si l'histoire des partis politiques en France n'est pas aussi stable que celle des partis politiques aux États-Unis et au Canada, la situation n'est pas aussi mauvaise que celle que nous avons en Haïti. Le parti socialiste français a été fondé en 1969 et l'Union pour un mouvement populaire ou UMP a été fondée à la suite de la fusion de différents partis politiques en 2002. Tout comme les États-Unis et le Canada, la France a une histoire de stabilité politique. Cela signifie que nous avons d'innombrables exemples à suivre en matière d'organisation de partis politiques en Haïti. Ces pays, que ce soit dans les Caraïbes, en Amérique du Nord ou en Europe, sont prêts à nous aider. Permettez-moi de faire une déclaration audacieuse. Organiser des partis politiques est si simple que nous pouvons le faire nous-mêmes. Tout ce que nous avons à faire, c'est de regarder ces pays comme des exemples et de s'inspirer des bonnes choses qu'ils ont faites en matière d'organisation des partis politiques et de rejeter des mauvaises choses. C'est aussi simple que cela.

Histoire des Partis Politiques de 1870 à Jean Claude Duvalier

L'histoire des partis politiques remonte à la seconde moitié du XXe siècle. Pour être précis, je peux dire que l'histoire des partis politiques remonte au dernier quart du 19e siècle. Pourquoi n'avons-nous pas réussi à construire des partis politiques durables? c'est une grande question. En fait, c'est une question à un million de dollars. La réponse est plus simple que vous le pensez. C'est la division. La division politique basée sur la cupidité a handicapé le développement de partis politiques bons et solides au cours du dernier quart du 19e siècle et aussi pendant la première moitié du 20e siècle. Tout comme les États-Unis et le Canada, nous avons très bien commencé notre formation de partis politiques. Le parti libéral a été le premier parti organisé en Haïti. Le parti a été formé en 1970 par l'élite intellectuelle haïtienne. Tout comme les partis formés par des intellectuels partout ailleurs, le parti était contre le régime militaire de l'époque. Le Parti libéral était pour un gouvernement parlementaire démocratique dans le pays. Une démocratie parlementaire est un système de gouvernement où les membres du parlement ont plus de pouvoir que le pouvoir exécutif. L'un des principaux dirigeants de ce parti était Boyer Bazelais et ses amis. Ils voulaient tous un gouvernement plus démocratique pour le peuple haïtien. Pendant une brève période, le parti contrôlait le parlement en 1970. Ils réussirent à avoir une forte influence sur l'exécutif où plusieurs secrétaires d'État démissionnèrent à la demande du parti libéral au parlement. En 1874, le parti n'a pas réussi à élire quelqu'un comme président. Les fractions politiques du parti en 1876 ont été la principale cause de la disparition du parti libéral dans la politique haïtienne. Le parti était divisé entre lui. Les assassinats d'anciens membres du parti et les oppositions ont empêché le parti de continuer sa politique. Beaucoup d'anciens membres du parti libéral cherchent l'exil dans les Caraïbes et dans d'autres pays.

L'ascension au pouvoir du président Lysius Salomon en 1879 fut un événement important dans l'histoire du Parti national. Ce parti était la principale opposition contre le Parti libéral. Son travail principal était de mettre fin au parti libéral et ils ont réussi à le faire. Après la dissolution du parti libéral, le Parti national du président Lysius Salomon était le principal parti du pays. Le président Lysius Salomon lui-même s'était rendu compte qu'une fois président, il n'avait plus besoin du soutien du parti. Lors de la prise de décisions, le président n'a pas consulté le parti. Le pays est devenu un *one man show*. L'élite politique du Parti national croyait que le pouvoir appartenait au peuple haïtien. Ils croyaient ne représenter que le peuple haïtien. Le président Lysius Salomon a consolidé son pouvoir et ne considérait pas les membres du parti comme des personnes au pouvoir et ne leur prêtait pas attention. Une chose à retenir dans l'évolution des partis politiques en Haïti est que, depuis l'assassinat de Jean Jacques Dessalines et au-delà, nous avons un gouvernement militaire. Même si quelques chefs militaires ont tenté de collaborer avec des partis politiques pour gagner le pouvoir, ils ne les ont jamais considérés comme importants et nécessaires pour l'organisation du pays. Le président Lysius Salomon avait fait ce que les chefs militaires avant lui avaient fait: rabaisser le parti national. Les tensions politiques dans le pays avaient mis fin au Parti national, amené le peuple haïtien dans l'occupation américaine. Cette occupation durera 19 ans de 1915 à 1934.

Comme je l'ai mentionné dans les premiers chapitres, l'élite intellectuelle n'était pas satisfaite de l'occupation américaine. Même si la division nationale était la principale cause de l'occupation américaine. Dans les années 1930, l'Union Patriotique Haïtienne a été fondée. L'objectif principal était de lutter contre l'occupation américaine. Le parti a été fondé par Georges Sylvain. Le parti a eu beaucoup de succès aux élections législatives des années 1930. En 1934, le parti communiste d'Haïti a été fondé. Le parti a été fondé par Jacques Roumain. En raison de l'influence américaine et de la campagne anticommuniste des États-Unis dans les Caraïbes et ailleurs sur le continent, le parti a été interdit par le gouvernement haïtien en 1936. Après l'occupation américaine en 1934, de nombreux partis politiques ont émergé dans le pays. Ces partis ont été formés en tant que groupes de résistance bien avant la fin officielle de l'occupation américaine en 1934. Après l'occupation, des partis tels que : le Parti Socialiste Populaire, le Parti Populaire Sociale Chrétien et les Mouvements de Ouvriers et Paysans fondés par Daniel Fignole sont venus et ont disparu. Lorsque le président François Duvalier est arrivé au pouvoir en 1957, il a persécuté tous les partis politiques. Même s'il fut le premier secrétaire des Mouvements des Ouvriers et Paysans fondés par Daniel Fignole. Le président François Duvalier a traité durement le parti communiste d'Haïti. D'autres partis politiques tels que : le Parti Populaire de Libération Nationale (PPLN), Le Parti de L'entente Populaire (PEP), le Parti

Unifié des Démocrates Haïtiens (PUCH), le Rassemblement des Démocrates Nationaux Progressistes d'Haïti (RDNP) et bien d'autres se rencontraient en exil au téléphone. Le chef du parti serait par exemple en République dominicaine ou aux États-Unis et parla aux membres du parti et leur dit quoi faire pour mobiliser le parti contre la dictature de François Duvalier. Ces partis politiques ainsi que le peuple haïtien avec les États-Unis et la communauté internationale ont été très influents pour mettre fin à la dictature de François Duvalier et Jean Claude Duvalier en 1986. L'administration Reagan doit également recevoir un certain crédit dans cet effort. Certaines personnes peuvent ne pas être d'accord avec cela. Je respecte leur opinion.

Une Culture des Partis Politiques Faibles

La culture des partis politiques faibles est si forte en Haïti que parfois, les politiciens pensent que tout ce dont ils ont besoin, c'est de la popularité. Ils pensent qu'ils n'ont pas besoin de partis politiques pour commencer leur profession de leader politique. Les gens du pays votent généralement pour quelqu'un qu'ils aiment au lieu d'un politicien qui a donné des résultats. Le problème, ce ne sont pas les personnes mais les institutions qui ne fonctionnent pas efficacement. Souvent, lorsque les politiciens essaient de se faire élire, ils forment un parti politique provisoire. Un parti politique provisoire est formé pour élire un ou plusieurs dirigeants. Une fois le travail est terminé, le parti est dissous. Un parti politique provisoire est différent d'un parti politique permanent qui reste sur la scène politique pour beaucoup de temps. Le parti démocrate des États-Unis en est un bon exemple. De nombreux intellectuels attribuent la faiblesse des partis politiques en Haïti à l'environnement politique. Certains pensent que les gouvernements qui existent dans le pays ne prend jamais au sérieux la situation des partis politiques. Bien que cela puisse paraître vrai, il y a beaucoup de cupidité derrière le problème. Certains politiciens en Haïti considèrent un parti politique comme une affaire personnelle pour lui, sa femme et ses enfants. C'est pourquoi nous avons tant de partis politiques dans le pays.

Les pays comme les Bahamas, la Jamaïque et les États-Unis n'ont pas cette confusion des partis politiques, car les partis politiques de ces pays n'ont jamais été une entreprise familiale mais une institution nationale. Nous ne pouvons pas blâmer le peuple haïtien pour la crise des partis politiques dans le pays car ce n'est pas à lui d'organiser ces institutions. Puisqu'ils n'ont aucune institution à qui faire confiance, ils commencent à faire confiance aux politiciens qui leur promettent un avenir meilleur qui ne viendra jamais. C'est pourquoi lorsqu'un chef meurt, le parti politique meurt aussi parce qu'il n'a pas été érigé en institution qui peut survivre au dela de la vie du chef. L'idéologie de ce chef meurt quand le chef meurt parce que ce chef n'était pas assez intelligent pour se rendre compte que tout ce qu'il peut faire est de lancer le mouvement mais que quelqu'un d'autre doit le terminer, pas lui. La raison pour laquelle quelqu'un d'autre doit l'achever est la suivante : les luttes politiques nécessitent du temps et des efforts. Les choses vont arriver mais pas dès que vous pensez qu'elles se produiront. Qui aurait cru que le Parti démocrate des États-Unis aurait élu un Noir à la présidence du pays le plus puissant de la planète ? Nous devons comprendre que pendant la guerre civile, le parti démocratique était en faveur du maintien des esclaves en esclavage. Le président Andrew Jackson, le premier président du parti démocrate avait ses propres esclaves et était donc pro-esclavage. Pourtant, dans un espace de plus de 150 ans, le parti qui était pro esclaves est maintenant celui qui élit un Noir à la présidence du pays. La raison pour laquelle cela a été possible est l'institutionnalisation du parti démocratique aux États-Unis. Les dirigeants des partis politiques en Haïti doivent faire la même chose. Leur vision doit aller au-delà de leur vie. Pour que cela se produise, les partis politiques en Haïti, tout comme dans les pays industrialisés, doivent être institutionnalisés.

Plateformes Politiques

Dans un pays où la plupart des partis politiques peuvent être considérés comme une entreprise familiale, la plate-forme politique est la voie à suivre. De manière informelle, les plates-formes politiques peuvent également être considérées comme une coalition politique. Habituellement, quelques partis politiques ont formé une plate-forme ou une coalition afin d'acquérir ou de maintenir le pouvoir dans le pays. L'objectif de la plateforme est de prendre le pouvoir pour une durée déterminée. Après cette période, la plate-forme se dissout généralement. Les partis politiques forts ne forment généralement pas de plate-forme avec d'autres partis. Les partis politiques les plus faibles ont tendance à former une plate-forme afin d'avoir une voix forte aux élections ou au gouvernement. Aux États-Unis par exemple, les partis politiques tels que le parti républicain et le parti démocrate ne forment pas de plate-forme ou de coalitions parce que ces partis sont suffisamment forts pour survivre seuls. Au Canada, par exemple, en raison du système parlementaire existant, des coalitions, ou une plateforme politique, sont prêtes à former le gouvernement. Ne vous méprenez pas, les partis politiques au Canada sont très bien organisés et forts. La démocratie parlementaire nécessite des coalitions ou des plates-formes car un parti politique peut ne pas avoir la majorité des 2/3 nécessaire bien souvent pour former le gouvernement. Si quelques partis politiques du pays tels que Fanmi Lavalas, RDNP (Rassemblement des démocrates nationaux et progressistes) et OPL (Organisation du Peuple en Lutte) sont très forts dans le pays, la plupart des autres partis sont très faibles. Puisqu'ils sont faibles, la plate-forme politique est la voie à suivre.

En Haïti, les partis politiques ont formé des coalitions ou des plates-formes fondées sur des intérêts, des idéologies et des philosophies communs. Disons que quatre partis politiques différents estiment que le gouvernement devrait créer des emplois pour chaque citoyen du pays. Ces quatre partis politiques peuvent former une coalition basée sur la philosophie de création d'emplois pour chaque citoyen du pays. Disons que trois partis politiques différents veulent amender la constitution. Ces trois partis politiques pourraient former une coalition en essayant de modifier la constitution en contrôlant le gouvernement. Dans la politique haïtienne, des plates-formes politiques se forment parfois entre différents partis politiques et d'autres groupes parce que ces partis et groupes sont contre un dirigeant en particulier. Le groupe 184 a été formé en Haïti par André Apaid, un célèbre homme d'affaires haïtien. Différents partis politiques et autres groupes du pays faisaient partie du groupe 184. Le groupe était contre la politique sociale du président Jean Bertrand Aristide et du parti politique Fanmi Lavalas. L'objectif principal du groupe 184 était de mettre le président Jean Bertrand Aristide hors du pouvoir par tous les moyens nécessaires. Les plates-formes, coaltions et groupes agissent généralement sur un ordre du jour provisoire. Cela signifie que leurs activités sont temporaires. Parfois, ces groupes ont tendance à être permanents. L'ordre du jour initial peut avoir été temporaire, lorsque les choses tournent en leur faveur, les groupes deviennent des partis politiques normaux ou des coalitions normales. Comme vous pouvez le voir, les plates-formes politiques, les groupes ou les coalitions sont pour la plupart bons. Dans un pays aussi divisé qu'Haïti, une façon de maintenir la stabilité politique est d'avoir des plates-formes, des coalitions ou des groupes qui se battent pour aider le peuple.

Partis Politiques et Primaires Politiques au 21e siècle en Haïti

Certains des partis politiques les plus respectés en Haïti aujourd'hui ont leurs racines dans la lutte contre la dictature des Duvalier. Pour les partis politiques qui remontent à la dictature Duvalier, l'un de leurs principaux objectifs a été atteint. Cet objectif était de mettre fin à la dictature des Duvalier. Cela s'est produit en 1986. Après la dictature de

Duvalier, les partis n'ont pas réussi à s'organiser comme le font les partis politiques dans les pays industrialisés comme les États-Unis. Dans la période post-Duvalier, le chef du parti était plus influent en politique que le parti. Habituellement, un parti a un comité central ou national. Ce n'était pas le cas dans la plupart des partis haïtiens. Pour autant que je me souvienne, l'OPL ou organisation du peuple en lutte est le seul parti en Haïti dont je sais que le chef est mort mais le parti est toujours fort. Il y en a peut-être d'autres mais je n'en ai pas connaissance. Même si le gouvernement militaire a commencé à l'assassinat de Jean Janques Dessalines, les partis politiques ont beaucoup à voir avec la situation actuelle du pays, leur manque d'organisation joue un grand rôle dans la situation actuelle. D'après mes recherches, je dois dire qu'il sera très difficile, voire impossible, d'organiser le gouvernement en Haïti sans les partis politiques. Aussi dysfonctionnels qu'ils soient, nous ne pouvons pas les ignorer ou les négliger. Le gouvernement doit travailler avec eux et leur accorder le respect qu'ils méritent.

Les noms ont changé mais les partis politiques les plus importants que nous avons en Haiti aujourd'hui sont enracinés dans les partis suivants :

--- Le Comité National du Congrès des Mouvements Démocratiques (KonaKom). L'un des principaux objectifs de ce parti était de construire une Haïti meilleure après la dictature des Duvalier. Il a été fondé en 1987. Son chef à l'époque était le professeur Victor Benoit. Avant l'élection de 1990, KonaKom devient le FNCD ou Front National Pour le Changement et la Démocratie. Le FNCD a joué un rôle très important dans l'élection de Jean Bertrand Aristide à la présidence en 1990. Le Père Jean Bertrand Aristide a été très influent parmi les pauvres avec sa théologie de la libération. Choisir Jean Bertrand Aristide comme représentant du FNCD aux élections de 1990, était un choix de dernière minute de la direction du parti.

----- Le Mouvement pour l'institution de la démocratie en Haïti ou MIDH a été fondé en 1986 par le célèbre économiste haïtien Marc L Bazin. Marc L. Bazin est devenu Premier ministre en Haïti en 1992. Il était très respecté pour ses idées sur le gouvernement et les questions sociales dans le pays. Il est mort peu de temps après le tremblement de terre du 12 janvier 2010. Il n'est pas mort dans le tremblement de terre.

------ Le Parti Nationaliste Progressiste Révolutionnaire Haïtien ou PANPRA a été fondé par Serge Gilles. Serge Gilles a été élu sénateur aux élections de 1990. PANPRA était membre de l'Internationale Socialiste. La philosophie principale de PANPRA était l'organisation du pays au profit de tous les Haïtiens de toutes les classes. Le parti a été fondé en 1986.

...... .Le Rassemblement des Démocrates Nationaux Progressistes (RDNP) a été fondé en 1981 par le professeur Leslie François Manigat à Caracas, Venezuela. Le professeur Manigat étaient très connus pour ses connaissances en sciences politiques en Europe, en Amérique du Nord, au Venezuela et dans les Caraïbes. Président pendant une brève période de 1988.

.... L'Organisation du Peuple en Lutte a été fondée après la division de l'organisation des peuples en lutte au milieu des années 1990 après le retour de Jean Bertrand Aristide à la présidence en 1994. Aujourd'hui, l'Organisation du Peuple en Lutte est l'une des partis politiques le plus important de la nation. L'OPL a survécu à la mort de son principal dirigeant, Gérard Pierre Charles. La tradition politique en Haïti est simple. Chaque fois qu'un chef meurt, le parti meurt. OPL a prouvé qu'elle pouvait aller au-delà de la vie de Gérard Pierre Charles. Cela prouve que Gérard Pierre Charles et des dirigeants comme le Dr Sauveur Pierre Etienne ont fait un excellent travail en institutionnalisant le parti.

......Fanmi Lavalas est l'un des partis les plus populaires du pays. Fanmi Lavalas a été créée au milieu des années 1990 après une scission au sein de l'organisation politique Lavalas ou OPL. Le président fondateur du parti, Jean Bertrand Aristide, est rentré en Haïti en mars 2011 et est depuis lors celui qui dirige le parti. Le parti a un secrétaire mais Aristide est le responsable. Si le gouvernement est stable et bien organisé, tous ces partis, y compris Fanmi Lavalas, peuvent faire une grande différence en créant la paix et la prospérité pour tous les Haïtiens.

Une Primaire Politique tous les Cinq ans

Si les partis politiques ou les coalitions veulent survivre en Haïti, les dirigeants doivent penser différemment. Ils doivent arrêter de se considérer comme Dieu. Seul Dieu est éternel. Nous sommes tous mortels. Dieu n'opère pas dans le temps, nous le faisons. Par conséquent, le seul espoir est de créer des institutions qui dureront au dela de la vie des hommes politiques. Il y a un conseil national des partis politiques en

Haïti et je pense que c'est une bonne chose. Ce conseil doit forcer tous les partis politiques du pays à élire un nouveau chef tous les cinq ans.

Voici maintenant la partie intéressante. Étant donné que les partis politiques en Haïti ne sont pas si grands, la direction du parti devra choisir qui représentera et qui ne représentera pas le parti aux élections. Je propose une primaire politique tous les cinq ans dans le pays. Tous les partis politiques ou coalitions seront autorisés à participer à cette primaire. Le peuple haïtien ne votera pas pour les chefs du parti ou des coalitions mais pour les noms seulement. La vraie élection aurait lieu après la primaire. Les cinq partis politiques ou coalitions qui ont le plus de voix, seront autorisés à participer aux élections dans tout le pays pendant une période de cinq ans.

La primaire politique tous les cinq ans n'est qu'une idée. N'oubliez pas que, ce livre propose un système de gouvernement parlementaire ou régime parlementaire pour le pays. Si cela se produit, la crise des partis politiques n'aura pas un effet majeur sur la déstabilisation du pays puisque le gouvernement viendra du parlement où certains des partis politiques les plus populaires seront représentés. Le président jouera un rôle cérémoniel comme celui de l'Italie, de la Trinidad, de l'Allemagne et du gouverneur général du Canada. Dans ce système, les partis politiques n'ont pas le pouvoir de déstabiliser le pays parce que vous n'avez pas la situation d'un parti au pouvoir par rapport à un autre parti hors du pouvoir. Avec un système de gouvernement parlementaire, vous n'avez pas vraiment besoin de primaire politique tous les cinq ans car ce régime résout ce problème automatiquement.

CHAPITRE 7

QUELQUES DES PARTIS POLITIQUES LES PLUS ORGANISÉS AU MONDE

OPL (Organisation du Peuple en Lutte, Haïti)

L'OPL est l'un des partis politiques les plus organisés en Haïti. Quand on parle des partis politiques les mieux organisés au monde, l'OPL est le seul à pouvoir représenter Haïti à ma connaissance. Son début remonte cependant au développement d'une vision, d'une pensée politique qui trouve sa source dans la Conférence Continentale de Solidarité avec Haïti ou la Conférence de Panama. Gérard Pierre-Charles, membre influent du Parti unifié des communistes haïtiens (PUCH) est le promoteur du Comité démocratique haïtien du Mexique, une organisation regroupant diverses tendances politiques. Il a été l'un des organisateurs en 1981 de cette grande manifestation internationale contre la dictature des Duvalier, qui marque le rapprochement vers un travail commun dans la formation des différents courants d'opposition, en particulier les marxistes et les chrétiens. De retour de ses 26 ans d'exil en Haïti, il envisage de poursuivre le combat selon une vision du militantisme mieux adaptée à la réalité du pays et du monde. Il prend ses distances avec le PUCH. Il commence à construire un réseau composé d'activistes venant d'horizons divers de la pensée et de l'action politiques, en particulier de la théologie de la libération, des groupes de base, des mouvements paysans. De cette dynamique naîtra, dans le mouvement de la lutte pour les libertés démocratiques de 1986 à 1990 et surtout de la lutte contre le coup d'État militaire de 1991.

Créée les 5 et 6 décembre 1991 à l'occasion de l'Assemblée extraordinaire réunissant dans la clandestinité quatre-vingt-deux délégués de tous les départements du pays et de la diaspora luttant contre le coup d'État militaire et pour le retour à l'ordre constitutionnel, l'OPL subit trois étapes distinctes de son développement historique. La première étape dite de formation, consolidation et affirmation du Parti va de 1991 à la tenue du 2e Congrès National en décembre 2004. Pendant cette période, l'OPL manifeste son engagement en faveur du changement social et politique en Haïti, notamment en étant au premier plan de toutes les luttes contre les tendances autoritaires et dictatoriales, les dérives anarchiques et antidémocratiques des pouvoirs en place. C'est l'organisation de résistance par excellence, forte de l'activisme de ses membres, du courage et de la rectitude de ses dirigeants. Elle jette les bases d'une institution nationale permanente, forgeant l'image d'une organisation combattante, sérieuse et responsable dans ses positions.

Lors du 2e Congrès national des 17, 18 et 19 décembre 2004, l'OPL a adopté une nouvelle ligne politique. Elle entend modéliser ses structures, renforcer ses capacités institutionnelles, se transformer en instrument de conquête et de gestion du pouvoir étatique, en plus d'être une organisation de résistance. Elle fait du lobbying pour la tenue des élections et participe à tous les niveaux et se classe parmi les principaux partis politiques tant par sa représentation au Parlement que dans les collectivités locales, la discipline de ses élus, la force de ses propositions et la qualité de ses militants, l'organisation et l'étendue de ses structures sur le territoire national.

Au cours de cette deuxième étape de son développement initiée par le 2e Congrès national, l'OPL participe à l'effort de socialisation des forces politiques. Elle contribue à l'élaboration et à l'adoption du « Pacte pour la stabilité et la gouvernance » auquel plusieurs partis politiques adhèrent avant les élections de 2005. Dans la ligne de pensée et d'action contenue dans ce pacte, elle a fondé avec d'autres partis la Convention des partis politiques haïtiens, un espace de dialogue et de convivialité entre des acteurs d'orientation politique et d'idéologies différentes, qui se définit comme un forum permanent de débats sur des questions de l'intérêt national, la promotion et la défense des partis politiques et la normalisation de la vie politique. OPL se veut et est vraiment, à cette période de son développement, une institution. Elle cesse d'être la propriété de ses membres pour devenir un patrimoine national. Elle aborde ainsi la troisième étape de son histoire qui débute lors du 4e Congrès national du Parti, tenu aux Cayes, dans le département Sud, les 26, 27, 28 août 2011.

Le Parti Démocrate (USA)

Le Parti démocrate est l'un des deux principaux partis politiques aux États-Unis, avec son principal rival, le Parti républicain. L'héritage remonte au Parti démocrate-républicain de Thomas Jefferson et James Madison. Le Parti démocrate moderne a été fondé vers 1828 par des partisans d'Andrew Jackson, ce qui en fait le plus ancien parti politique actif aux USA.

Dans ses premières années, le Parti soutenait un gouvernement limité, la souveraineté de l'État et l'esclavage, tout en s'opposant aux banques. Depuis Franklin D. Roosevelt et sa coalition du New Deal dans les années 1930, le Parti démocrate a promu une plate-forme social-libérale. Bien dans le 20e siècle, le parti avait conservé les ailes pro-business et conservateur-populiste du Sud; après le New Deal, cependant, l'aile conservatrice du parti s'est largement évanouie en dehors du Sud. La coalition New Deal de 1932–1964 a recueilli le ferme soutien des électeurs d'origine européenne récente - dont beaucoup étaient des catholiques de la ville. Après la loi sur les droits civils de 1964 et la loi sur les droits de vote de 1965, les principes fondamentaux des deux côtés ont changé, les États du Sud devenant de manière fiable plus républicains dans la politique présidentielle et les États du nord sont devenus plus démocratiques. L'élément syndical autrefois puissant est devenu plus petit après les années 1970, bien que la classe ouvrière reste une composante importante de la base démocrate. Les personnes vivant dans les zones urbaines, les femmes, les diplômés universitaires et la generation des jeunes ainsi que les minorités ont également tendance à soutenir le Parti démocrate.

La philosophie du Parti démocrate du libéralisme moderne défend l'égalité sociale et économique, avec l'État providence. Il vise à fournir une réglementation gouvernementale dans l'économie pour promouvoir l'intérêt public. La protection de l'environnement, le soutien du travail organisé, le maintien et l'expansion des programmes sociaux, des frais de scolarité abordables, des soins de santé universels, l'égalité des chances et la protection des consommateurs constituent le cœur de l'économie du parti. Sur les questions sociales, il prône la réforme du financement des campagnes, les droits des LGBT, la justice pénale et la réforme de l'immigration, des lois plus strictes sur les armes à feu et la légalisation de la marijuana.

Quinze démocrates ont été président des États-Unis. Le premier était Andrew Jackson, qui était le septième président et a servi de 1829 à 1837. Le plus récent était Barack Obama, qui était le 44e et a servi de 2009 à 2017. À partir de 2020, les démocrates détiennent une majorité à la Chambre des députés, 15 gouverneurs d'État (gouverneur et les deux chambres législatives), les mairies de la plupart des grandes villes américaines et 19 au total des assemblées législatives des États. Quatre des neuf juges de la Cour suprême ont été nommés par des présidents démocrates.

Le Parti Libéral du Canada

Le Parti libéral du Canada est le plus ancien parti politique fédéral du pays. Le parti a dominé la politique fédérale pendant une grande partie de l'histoire du Canada. Les libéraux ont détenu le pouvoir pendant près de 70 ans au 20e siècle, ce qui est plus que tout autre parti dans un pays développé. En conséquence, il a parfois été appelé le « parti du pouvoir naturel » du Canada.

Le parti croit aux principes du libéralisme et siège généralement au centre-gauche du système politique canadien, le Parti conservateur étant positionné au centre-droit à droite et le Nouveau Parti démocratique (qui s'est parfois aligné sur les libéraux pendant des gouvernements minoritaires), occupant le centre-gauche à gauche. À l'instar de ses rivaux du Parti conservateur fédéral, le parti est souvent décrit comme une « grande tente », attirant le soutien d'un éventail large d'électeurs. À la fin des années 1970, le premier ministre Pierre Elliott Trudeau a déclaré que son Parti libéral adhérait au « centre radical ».

Les politiques et décisions législatives libérales caractéristiques comprennent les soins de santé universels, le Régime de pensions du Canada, les prêts d'études canadiens, le maintien de la paix, le multilatéralisme, le bilinguisme officiel, le multiculturalisme officiel, le rapatriement, la constitution canadienne et la consécration de la Charte canadienne des droits et libertés, la Loi sur la clarté, mariage homosexuel légalisé, euthanasie et cannabis, tarification nationale du carbone et choix reproductif.

Aux élections fédérales de 2015, le Parti libéral dirigé par Justin Trudeau a obtenu son meilleur résultat depuis les élections de 2000, remportant 39,5% du vote populaire et 184 sièges, remportant la majorité des sièges à la Chambre des communes. Aux élections fédérales de 2019, ils ont perdu leur majorité, remportant 157 sièges, mais ils sont toujours restés le plus grand parti de la Chambre.

Le Parti Socialiste (France)

Le Parti Socialiste (PS) est un parti politique social-démocrate en France. Le PS a été pendant des décennies le plus grand parti du centre-gauche français et l'un des deux principaux partis politiques de la Ve République française, avec les républicains. Il a remplacé la section française de l'Internationale ouvrière en 1969. Le PS est membre du Parti des socialistes européens, de l'Alliance progressiste et de l'Internationale socialiste.

Le PS est arrivé au pouvoir pour la première fois en 1981, lorsque son candidat François Mitterrand a été élu président de la France à l'élection présidentielle de 1981. Sous Mitterrand, le parti a obtenu la majorité au pouvoir à l'Assemblée nationale de 1981 à 1986 et à nouveau de 1988 à 1993. Lionel Jospin a perdu sa tentative de succéder à François Mitterrand à la présidence de l'élection présidentielle de 1995 contre le Rassemblement pour le chef de la République Jacques Chirac, mais il est devenu le premier ministre dans un gouvernement de cohabitation après les élections législatives de 1997, un poste Jospin tenu jusqu'en 2002, date à laquelle il a de nouveau été vaincu lors de l'élection présidentielle de 2002.

Ségolène Royal, candidate du parti à l'élection présidentielle de 2007, a été battue par le candidat conservateur UMP Nicolas Sarkozy. Le PS a remporté la plupart des élections régionales et locales et pour la première fois en plus de cinquante ans, il a pris le contrôle du Sénat lors des élections sénatoriales de 2011. Le 6 mai 2012, François Hollande, premier secrétaire du parti de 1997 à 2008, est élu président et le mois suivant, le parti remporte la majorité aux élections législatives de 2012. Pendant son mandat, Hollande a été aux prises avec un chômage élevé, une opinion médiocre et un groupe dissident de députés socialistes de gauche connus sous le nom de frondeurs (rebelles). Le 1er décembre 2016, François Hollande a refusé de se porter candidat et le PS a par la suite organisé une primaire présidentielle. L'ailier gauche Benoit Hamon a été nommé candidat socialiste après avoir battu l'ancien Premier ministre Manuel Valls. Face à l'émergence du centriste Emmanuel Macron et de l'ailier gauche Jean-Luc Mélenchon, Hamon n'a pas réussi à restaurer la direction du PS au centre-gauche et a terminé 5e à l'élection présidentielle de 2017, recueillant seulement 6,36% des voix. Le parti a ensuite perdu la majorité de ses députés lors des élections législatives de 2017, obtenant 26 sièges et devenant le quatrième groupe en importance à l'Assemblée nationale.

Le PS a également formé plusieurs personnalités qui ont agi au niveau international et étaient du parti, dont Jacques Delors, qui a été le huitième président de la Commission européenne de 1985 à 1994 et la première personne à remplir trois mandats à ce poste. Dominique Strauss-kahn, qui a été directeur général du Fonds monétaire international de 2007 à 2011; et Pascal Lamy, qui a été directeur général de l'Organisation mondiale du commerce de 2005 à 2013.

Le Congrès National Africain (Afrique du Sud)

Le Congres National Africain ou L'African National Congress (ANC) est le parti politique au pouvoir en République d'Afrique du Sud. C'est le parti au pouvoir de l'Afrique du Sud après l'apartheid depuis l'élection de Nelson Mandela aux élections de 1994, remportant toutes les élections depuis lors.

Fondé le 8 janvier 1912 en tant que Congrès national des peuples autochtones d'Afrique du Sud (SANNC), sa mission principale était d'unir tous les Africains en un seul peuple, pour défendre leurs droits et libertés. Cela comprenait l'octroi du plein droit de vote aux Sud-Africains noirs et aux Sud-Africains Métis, à partir de 1948, pour mettre fin au système de parti introduit par le gouvernement du Parti nationaliste après leur élection cette année-là.

L'ANC a d'abord utilisé des manifestations non violentes pour mettre fin à l'apartheid; Cependant, le massacre de Sharpeville en mars 1960, lorsque ces 69 Noirs africains ont été abattus par la police et en ont béni des centaines lors d'une manifestation pacifique, a marqué la détérioration des relations avec le gouvernement sud-africain. Le 8 avril 1960, l'administration de Charles Roberts Swart a interdit l'ANC en Afrique du Sud. Après l'interdiction, l'ANC a formé l'Umkhonto us Sizwe (Lance de la Nation) pour lutter contre l'apartheid en utilisant la guérilla et le sabotage.

Après 30 ans de lutte en exil, au cours desquels de nombreux membres de l'ANC ont été emprisonnés ou forcés à l'étranger, le pays a entamé son mouvement vers la pleine démocratie. Le 3 février 1990, le président de l'état F W de Klerk a levé l'interdiction de l'ANC et a libéré la prison de Nelson Mandela le 11 février 1990. Le 17 mars 1992, le référendum sur l'apartheid a été voté par l'électorat blanc, supprimant l'apartheid et permettre à l'ANC de se présenter aux élections de 1994, ce qui a permis pour la première fois à tous les Sud-Africains de voter pour leur gouvernement national. Depuis l'élection de 1994, l'ANC a mieux réussi que 55% à toutes les élections générales.

Congrès des Progressistes (Nigéria)

Formé en février 2013, le parti est le résultat de la fusion des trois plus grands partis d'opposition du Nigéria - le Congrès d'action du Nigéria (ACN), le Congrès pour le changement progressif (PCC), le Parti de tous les peuples du Nigéria.

Le parti a reçu l'approbation de la Commission électorale nationale indépendante (INEC) du pays le 31 juillet 2013 pour devenir un parti politique et a par la suite retiré les licences d'exploitation des trois partis qui ont fusionné (ACN, PCC et ANPP). En mars 2013, il a été signalé que deux autres associations - le Congrès du peuple africain et de tous les citoyens patriotiques - ont également demandé leur enregistrement auprès de l'INEC, adoptant également APC comme acronyme, ce qui aurait été interprété comme une mesure visant à contrecarrer le succès du coalition des partis d'opposition avant les élections générales de 2015. Il a été rapporté en avril 2013 que le parti envisageait de changer son nom pour éviter d'autres complications.

En novembre 2013, cinq gouverneurs en exercice du PDP au pouvoir ont quitté l'APC, ainsi que 49 législateurs qui ont rejoint les rangs de 137 législateurs d'APC à la suite de la fusion antérieure de petits partis d'opposition. Cela a initialement donné à l'APC une faible majorité de 186 législateurs de chambre basse sur un total de 360 législateurs; Cependant, les querelles politiques et la pression des factions politiques et des intérêts extérieurs n'ont donné au parti que 37 législateurs supplémentaires, donnant au CPA une majorité nominale de 172 législateurs sur 360, par opposition aux 171 députés du PDP (bien que certains petits partis se soient alliés au PDP détient le reste des autres sieges). Le parti a réuni 179 députés le 15 janvier 2015 lorsque la Chambre a repris après une longue pause pour enfin affirmer sa majorité.

Le Parti Travailliste (Royaume-Uni)

Le Parti travailliste est un parti politique de centre-gauche au Royaume-Uni qui a été décrit comme une alliance de sociaux-démocrates, socialistes-démocrates et unionistes. Pour toutes les élections générales depuis 1922, le Parti travailliste a été soit le parti au pouvoir, soit l'opposition officielle. Il y avait six premiers ministres actifs et huit ministères.

Le Parti travailliste est fondé en 1900 à partir du mouvement syndical et socialiste du XIXe siècle. Il a dépassé le Parti libéral pour devenir la principale opposition au Parti conservateur au début des années 1920, formant deux gouvernements minoritaires sous Ramsay MacDonald dans les années 1920 et au début des années 1930. Le travail a servi dans la coalition en temps de guerre de 1940 à 1945. Le travail a créé le service national de santé et a étendu l'état-providence de 1945 à 1951. Sous Harold Wilson et James Callaghan, le travail a régné à nouveau de 1964 à 1970 et de 1974 à 1979. Dans les années 1990, Tony Blair a pris le travail au centre dans le cadre de son projet New Work qui régit le Royaume-Uni sous Blair puis Gordon Brown de 1997 à 2010.

Le parti travailliste est membre du Parti des socialistes européens et de l'Alliance progressiste et détient le statut d'observateur auprès de l'Internationale socialiste.

L'Union Chrétienne-Démocrate (Allemagne)

L'Union chrétienne-démocrate d'Allemagne est un parti politique démocrate-chrétien et conservateur libéral en Allemagne. Le parti a été fondé en 1945 en tant que parti chrétien interconfessionnel, la CDU a effectivement succédé aux catholiques d'avant-guerre à Center Day, avec de nombreux anciens membres rejoignant le parti, y compris son premier chef Konrad Adenauer. Le parti comprenait également des politiciens d'autres origines, y compris des libéraux et des conservateurs. En conséquence, le parti prétend représenter des éléments « chrétiens-sociaux, libéraux et conservateurs ». La CDU est généralement pro-européenne dans ses perspectives. Le noir est la couleur habituelle des fêtes. Les autres couleurs incluent le rouge pour le logo, l'orange pour le drapeau et le noir-rouge-or pour le design de l'entreprise.

La CDU a dirigé le gouvernement fédéral depuis 2005 sous Angela Merkel, qui était également chef du parti de 2000 à 2018. La CDU a dirigé le gouvernement fédéral de 1949 à 1969 et de 1982 à 1998. Les trois plus anciennes guerres de chanceliers post-allemands sont toutes de la CDU, Helmut

Kohl (1982–1998), Angela Merkel (2005 - aujourd'hui) et Konrad Adenauer (1949–1963). Le parti dirige également les gouvernements de six des seize États allemands.

La CDU est membre du Centre Démocrate International, de l'Union Démocrate Internationale et du Parti Populaire Européen (PPE).

Parti des Travailleurs (Brésil)

Le Brésil est l'un des plus grands pays du monde en termes de population, d'économie et de taille. Le Parti des travailleurs est l'un des plus grands partis politiques d'Amérique latine et l'un des plus réussis au Brésil en termes de résultats électoraux. Le parti a été fondé en 1980. Le Parti des travailleurs a gouverné au niveau fédéral dans un gouvernement de coalition avec plusieurs autres partis du 1er janvier 2003 au 31 août 2016. Après les élections parlementaires de 2002, le PT est devenu le plus grand parti de la Chambre des représentants et le plus grand du Sénat pour la première fois. Avec le taux d'approbation le plus élevé de l'histoire du pays, l'ancien président Luiz Inácio Lula da Silva est le membre le plus éminent du PT.

Le Parti Communiste Chinois (République Populaire de Chine)

À l'instar du Brésil, la Chine est l'un des plus grands pays du monde en termes de population, d'économie et de taille géographique. Le Parti communiste chinois (PCC), est le fondateur et le parti politique du peuple au pouvoir de la République de Chine (RPC) et le deuxième plus grand parti politique au monde après le parti indien Bharatiya Janata. Le PCC est le seul parti au pouvoir en Chine continentale, il permet à seulement huit autres partis subordonnés de coexister, ceux qui forment le front uni. Il a été fondé en 1921, principalement par Chen Duxiu et Li Dazhao. Le parti se développa rapidement et en 1949, il dirigea le gouvernement nationaliste du Kuomintang (KMT) de Chine continentale à Taiwan après la guerre civile chinoise, conduisant à l'établissement de la République populaire de Chine le 1er octobre 1949. Il contrôle également les forces armées du pays.

En ce qui concerne son organisation, le PCC est organisé sur la base du centralisme démocratique, un principe élaboré par le théoricien marxiste russe Vladimir Lénine qui implique une discussion démocratique et ouverte sur la politique à la condition de l'unité dans le maintien de politiques convenues. Théoriquement, l'organe suprême du PCC est le Congrès national, convoqué tous les cinq ans. Lorsque le Congrès national n'est pas en session, le Comité central est l'organe suprême, mais comme l'organe ne se réunit normalement qu'une fois par an, la plupart des tâches et responsabilités reviennent au Politburo et à son Comité permanent.

Le Parti Libéral Démocrate du Japon

La plupart des Haïtiens aiment le Japon pour la technologie et les voitures. Les partis politiques au Japon sont bien organisés et bien établis. Nous pouvons en apprendre beaucoup sur l'organisation des partis politiques du Japon. Le

Japon est un pays pacifique et stable depuis la Seconde Guerre mondiale. Le LDP est au pouvoir presque sans interruption depuis sa fondation en 1955 - une période appelée le système de 1955 - à l'exception d'une période entre 1993 et 1994, et à nouveau entre 2009 et 2012. Lors des élections de 2012, il a pris le contrôle du gouvernement. Il détient 285 sièges à la chambre basse et 113 sièges à la chambre haute, et en coalition avec le Komeito, la coalition au pouvoir dispose d'une supermajorité dans les deux chambres à partir de 2020.

Parti socialiste ouvrier espagnol (Espagne)

Le parti politique le plus prospère et le plus important d'Espagne est le Parti socialiste ouvrier espagnol, fondé en 1879 et comptant actuellement (en 2021) plus de 150 000 membres. le parti soutient la gratuité des soins de santé pour tous, de meilleures conditions de travail pour les travailleurs, les droits des femmes, les droits des homosexuels, de meilleurs salaires pour les travailleurs et de nombreux autres programmes socialistes. L'une de ses affiliations est avec l'organisation de l'Internationale Socialiste. L'Espagne a un système de gouvernement parlementaire où le peuple du pays choisit les membres du parlement (sénateurs et députés). Les membres du parlement, principalement la chambre des députés, choisissent le Premier ministre parmi le plus grand parti ou la plus grande coalition au parlement pour une période de 4 ans. Le Chef de l'Etat est le Roi. Le pays a un système judiciaire bien organisé.

CHAPITRE 8

LE CONSEIL ÉLECTORAL PERMANENT

Le CEP et Les Gouvernements Militaires

J'ai déjà précisé qu'une dictature militaire était installée en Haïti depuis la mort de Jean Jacques Dessalines en 1806 jusqu'au coup d'État militaire du 30 septembre 1991. Cette armée était l'une des principales raisons pour lesquelles le CEP n'a pas réussi à faire des élections démocratiques dans le pays. Des dirigeants tels que: Toussaint, Dessalines, Pétion, Christophe avaient des constitutions où ils étaient président ou roi à vie. Cela signifie que les institutions du pays n'étaient pas démocratiques. S'il y avait une élection, ce n'était pas une élection mais une sélection où la personne la plus puissante mettait ses amis ou les membres de sa famille au gouvernement. Il y a cependant eu quelques exceptions à cette règle. L'élection entre François Duvalier, Louis Dejoie et Daniel Fignole en 1957 ont été décrits par certains comme des élections démocratiques. Daniel Fignole a fui le pays en exil et n'a pas participé au processus. Beaucoup d'historiens pensent qu'il aurait battu François Duvalier s'il ne s'était pas exilé. D'autres estiment que l'élection n'était pas démocratique puisque Daniel Fignole n'y a pas participé mais a été contraint de fuir le pays. Un autre cas est l'élection générale du 17 janvier 1988 organisée par le CEP. Certains pensent que le pouvoir a été donné au président François Manigat par la machine militaire d'Henri Namphy. D'autres pensent que l'élection était démocratique. Nous ne saurons jamais avec certitude ce qui s'est passé. Une chose était claire lors de cette élection: les électeurs n'ont pas participé. Moins de 10% des gens ont voté à cette élection. Vous pourriez vous demander pourquoi le taux de participation a été si bas. La raison était simple. Les gens ne croyaient pas que le système était démocratique et ne voulaient pas risquer leur vie pour élire des gens dont ils ne pensaient pas qu'ils allaient changer leur situation.

Le CEP et L'Élection de 1990

Lorsque le président Jean Claude Duvalier quitte Haïti pour la France en 1986, il a laissé derrière lui un CNG ou un conseil national de gouvernement. Ce conseil était composé de Williams Regala, Max Valles, Prosper Avril, Gerard Gourgue et Alix Cineas. Après que le président Prosper Avril ait été évincé du pouvoir, le général Herard Abraham est devenu président pendant trois jours et a passé le pouvoir à Ertha Pascal Trouillot qui était le juge de la Cour Supreme ou Cour de Cassation. C'était un processus démocratique car il suit la constitution de 1987. Selon beaucoup, Ertha Pascal Trouillot organiserait la première élection démocratique de l'histoire d'Haïti. Cette élection de 1990 a amené au pouvoir Jean Bertrand Aristide, ancien prêtre et avocat des pauvres. Jean Bertrand Aristide, Louis Dejoe et Marc L Bazin ont reçu le plus de voix lors de cette élection. Le Front National pour le Changement et la Démocratie (FNCD) était plus une plate-forme qu'un parti. Il est issu d'une alliance entre KONAKOM ou le Comité National du Congrès des Mouvements Démocratiques et le PNDPH ou L'Alliance Nationale pour la Démocratie et le Progrès. Le FNCD était très populaire dans les années 1990 car il provenait de deux grands partis politiques anti-Duvalier. Le FNCD a choisi Aristide à la dernière minute pour représenter le parti aux élections de 1990. Certaines personnes pensent que ce n'était pas une bonne idée de choisir quelqu'un en dehors du parti comme chef. Certains pensent que c'était un bon choix car le père Aristide était très populaire à ce moment-là. Personne ne saura exactement ce qui s'est passé entre Aristide et le FNCD après l'élection de novembre 1990. Il était clair que les principaux membres du FNCD ne faisaient pas partie du gouvernement.

René Garcia Preval est devenu Premier ministre à la place de Victor Benoit ou d'Evans Paul. Certains pensent qu'Aristide a trahit le FNCD, d'autres pensent que le FNCD trahit Aristide. Nous ne saurons jamais ce qui s'est passé à coup sûr pour créer une division entre Aristide et la direction du FNCD. Comme je l'ai déjà dit, il était clair que le FNCD ne faisait pas partie du gouvernement. Par protocole politique, Aristide aurait dû choisir des personnes du FNCD pour faire partie du gouvernement. Il ne l'a pas fait. Peut-être que le FNCD avait commis une erreur en choisissant une personne qu'elle ne connaissait pas personnellement. Le 30 septembre

1991 compliqua considérablement la discussion politique car le président Jean Bertran Aristide fut envoyé en exil. Le plus gros problème ici n'est pas le FNCD ou le président Aristide. Le plus gros problème ici est le système de gouvernement semi-présidentiel établi par la constitution de 1987. Tout comme dans un système de gouvernement présidentiel, le système de gouvernement semi-présidentiel peut être un *one-man show*. Une fois que les gens prennent le pouvoir, leur personnalité peut changer en une minute. Dans un système de gouvernement semi-présidentiel, le pouvoir est entre les mains d'une seule personne. Dans un système parlementaire, c'est différent. Le pouvoir est partagé entre différents partis au Parlement. Si Haïti avait un système parlementaire, le FNCD aurait pu choisir Aristide et être toujours en charge du pays. Ils choisiraient Aristide pour représenter qu'une seule commune et non tout le pays. Dans un système parlementaire, le parti, la plate-forme ou la coalition représente le pays non pas une seule personne et c'est une grande différence.

Le CEP et L'Élection de 2006

Le CEP mis en place par l'administration de Gérard Latortue a pour objectif d'organiser des élections démocratiques en Haïti. Gérard Latortue a promis des élections libres et équitables dans tout le pays. Lorsqu'il est arrivé au pouvoir après le départ du président Jean Bertrand Aristide en 2004, il a promis un gouvernement de coalition. Former un gouvernement de coalition a été très difficile, voire impossible pour Latortue en raison de la faiblesse du système en Haïti. Gerard Latortue qui était ministre des

Affaires étrangères sous le président Leslie François Manigat en 1988 et un fonctionnaire des Nations Unies pensait que les choses allaient être faciles. Ce n'était pas le cas. Gérard Latortue organisait une élection que le peuple haïtien attendait pour renvoyer Aristide en Haïti. Dans l'esprit des gens, la meilleure façon de le faire est d'élire la personne qu'ils croient la plus proche d'Aristide. Ici, je parle de l'ami de longue date d'Aristide, René Garcia Preval. Quand j'étais en Haïti au début des années 1990, on disait Titid et Ti Rene. Les gens en Haïti croyaient qu'Aristide et Préval étaient des jumeaux. Dans un pays avec un système de gouvernement non organisé, la politique peut facilement diviser les gens. Certaines personnes pensent que cela n'arrive qu'en Haïti. La même chose se passe actuellement aux États-Unis. Cela se passe aux États-Unis à un niveau inférieur. Plus vous comprenez un système de gouvernement semi-présidentiel, plus vous vous rendez compte que le système en lui-même crée des divisions. C'est un *one-man show*. Le président semble avoir plus de pouvoir que le parlement. Vous pouvez faire venir au gouvernement vos amis et membres de votre famille. Dans un système parlementaire, c'est le contraire. C'est pourquoi le CEP lors de l'élection de 2006 a eu du mal à organiser l'élection. Le Premier ministre Gérard Latortue avait le pouvoir de déplacer l'élection vers la droite ou vers la gauche. Le peuple haïtien n'était pas prêt à accepter quelqu'un pour lequel ou laquelle il n'a pas voté comme president(e). La communauté internationale ne veut pas se trouver dans une situation désespérée qu'elle ne peut pas contrôler. Le Premier ministre Gerard Latortue devait faire preuve de bon sens et de logique et c'est exactement ce qu'il a fait.

L'élection a été retardée 4 fois en raison de l'instabilité politique qui a suivi la destitution d'Aristide à la présidence en 2004. L'élection a finalement eu lieu le 7 février 2006. C'était un travail difficile pour le CEP car il était largement contrôlé par un gouvernement qui voulait les choses en sa faveur. Cela n'était pas rare car les gouvernements précédents avaient fait exactement la même chose. Au premier tour de l'élection, le président Préval était en tête du scrutin avec plus de 48% des voix. On a découvert par la suite qu'il y avait eu fraude pour empêcher Préval de devenir président pour un second mandat de cinq ans. Après recomptage et recomptage des votes, le président Préval a obtenu environ 51,1% des voix et il a été déclaré vainqueur de l'élection. Non seulement le président Préval a remporté les élections, mais son parti politique Lespwa a remporté la majorité au parlement. Des politiciens tels que Leslie François Manigat, Charles Henri Baker, Marc L Bazin entre autres ont participé sans grand succès. Le père catholique, Gérard Jean Juste, et le riche homme d'affaires haïtien du Texas Dumarsais Simeus n'ont pas été autorisés à participer à cette élection. Le père Jean Juste a été mis en prison. Il est décédé plus tard à Miami. Les partisans de Fanmi Lavalas étaient très furieux parce que Fanmi Lavalas n'a pas été autorisée à participer à l'élection et parce que le père Jean Juste a été mis en prison sans raison valable. À la fin de la journée, ils avaient le président Préval. Après l'investiture du président Préval en tant que président, il s'est avéré qu'il n'était pas le politicien que le peuple haïtien attendait de lui et cela a été une grande déception pour le peuple haïtien qui a tant sacrifié pour le faire élire président.

Le CEP et L'Élection de 2010-2011

Tout comme en 2006, le CEP avait un excellent travail à faire lors des élections présidentielles et parlementaires de 2010-2011. Le président Préval était au pouvoir. Il a été une grande déception pour le peuple haïtien. Ils ne voulaient rien avoir à faire avec lui et ils ne voulaient pas qu'un de ses proches soit président du pays. J'ai grandi à Port-au-Prince, en Haïti. Je connais culturellement le peuple haïtien. Ils sont très simples à comprendre. Soit qu'ils vous aiment, soit qu'ils ne vous aiment pas. C'est aussi simple que cela. Ils sont comme tout autre peuple avec un sense de dignite et d'attente de son gouvernement. . C'est aussi simple que cela. Le travail est devenu de plus en plus difficile pour le CEP parce que le président Préval voulait que quelqu'un de son entourage soit président tandis que les gens attendaient quelqu'un avec qui ils pouvaient s'identifier. Le tremblement de terre du 12 janvier 2010 a eu un impact important sur les élections. La situation a forcé le gouvernement à reporter les choses. Wyclef Jean a été exclu de l'élection présidentielle en raison de problèmes de résidence. Fanmi Lavalas a également été exclu car les critiques estimaient que Jean Bertrand Aristide n'était pas présent dans le pays et qu'il n'a pas pu signer la liste des personnes qui devraient représenter le parti à l'élection. Certaines personnes pensaient qu'il ne devrait y avoir aucune élection dans le pays en raison des conséquences du tremblement de terre. D'autres en ont pensé le contraire.

Les groupes pro-électoraux tels que les États-Unis, les Nations Unies, le Canada et la France ont exercé suffisamment de pression sur le président Préval pour qu'il organise les élections. Le peuple haïtien voulait aussi l'élection parce qu'il ne voulait pas que le président Préval reste au pouvoir. Fondamentalement, le premier tour de l'élection concernait le musicien de l'époque Michel Joseph Martelly, le professeur Mirlande Manigat, l'ingénieur Jude Célestin et d'autres candidats. Les gens qui comprennent la politique haïtienne comprennent le résultat de la politique haïtienne avant que le résultat soit proclamé par le CEP. Pour que le peuple haïtien vote pour vous, il y a deux exigences : la première est d'être populaire et aimé par lui et la seconde est d'avoir le soutien de quelqu'un de populaire qu'il aime. Si vous remplissez l'une de ces deux conditions, vous n'avez aucun problème à gagner les élections. Des candidats comme Charles Henri Baker, Yvon Neptune, Jacques Edouard Alexis sont très qualifiés pour diriger mais ils ne sont pas si populaires parmi la population. Après le premier tour de l'élection, il était clair pour le CEP, le peuple haïtien et la communauté internationale que Michel Joseph Martelly, Mirlande Manigat et Jude Célestin ont obtenu le pourcentage de vote le plus élevé. Au second tour, le musicien Michel Joseph Martelly a été déclaré vainqueur par le CEP. Ce n'était pas un travail facile à faire car Mirlande Manigat et Jude Célestin étaient candidats de l'établissement. Michel Martelly était un étranger. Même s'il était un étranger, il était bien aimé et bien connu du peuple haïtien. Même si Mirlande Manigat est sur la scène politique depuis des décennies, le résultat de l'élection a prouvé que le peuple haïtien comprenait mieux le message et la campagne politique de Michel Joseph Martelly. Malgré toutes les critiques, si les bonnes institutions existent, le CEP a prouvé à maintes reprises que des élections démocratiques peuvent avoir lieu en Haïti. Les élections de 1990, les élections de 1995, les élections de 2006 et les élections de 2010-2011 ont toutes été démocratiques.

Au début de toutes ces élections, il y a eu toutes sortes de problèmes, mais à la fin, le peuple haïtien avait ce qu'il voulait. L'élection de 1995 a été l'une des plus pacifiques de toutes. Le président Aristide est revenu au pouvoir en 1994 mais n'a pas pu poursuivre son mandat au-delà de cinq ans. Il passa démocratiquement la présidence au Premier ministre de l'époque, René Garcia Préval, très respecté et très populaire à l'époque.

Le CEP sous le Président Joseph Michel Martelly

Il y a une différence politique au moment où j'écris ce livre concernant le conseil électoral permanent. En raison de l'instabilité politique, Haïti a généralement un conseil électoral temporaire ou provisoire. Le président Michel Joseph Martelly voulait un conseil électoral permanent. Sur la base de la version amendée de la constitution de 1987, les 9 membres du conseil électoral permanent devraient être désignés sur la base de 3 membres du président ou de l'exécutif, 3 de la Cour supreme ou Cour de Cassation du pays et 3 du parlement. Les trois membres du parlement doivent avoir le soutien des 2/3 du sénat et de la chambre des députés. Le pouvoir exécutif et la Cour suprême ont pu choisir leurs membres, mais le parlement ne l'a pas encore fait. La raison en est que le Sénat n'est pas complet. 1/3 de ses membres doit être réélu. Les membres de la législature estiment que s'ils choisissaient leurs 3 membres dans l'état actuel du pays, ils violeraient la constitution. C'est un problème très complexe. Logiquement parlant, il sera très difficile pour les parlementaires de choisir leurs représentants au futur conseil électoral permanent avec cette majorité des 2/3 des deux chambres. La constitution ou la constitution amendée ont rendu difficile la tenue d'élections simples et efficaces dans le pays. Le conseil électoral permanent est une source de tension dans la politique haïtienne. La raison principale en était l'armée. L'armée a mis en place un gouvernement militaire qui a rendu impossible pour le pays d'avoir un gouvernement démocratique.

Comme je l'ai déjà mentionné, nous sommes dans une période constitutionnelle de l'histoire d'Haïti. Nous devons modifier la constitution pour créer un système de gouvernement parlementaire dans le pays. Un régime parlementaire est le seul système que je connaisse qui puisse créer la stabilité politique et la prospérité économique que le peuple haïtien souhaite. Dans le chapitre concernant les partis politiques, je crois qu'il faut avoir une primaire politique tous les cinq ans pour choisir les partis ou coalitions qui peuvent les mieux diriger le pays pendant une période de cinq ans. Le CEP devrait provenir de ces cinq partis politiques ou coalitions. Organiser le CEP à partir des trois branches du gouvernement et laisser les partis politiques derrière ne résoudra pas notre problème. L'organisation du CEP doit venir d'abord des partis politiques qui remportent la primaire à une liste soumise au sénat et enfin d'une liste soumise au président par le sénat. Je propose un CEP de dix membres. Deux personnes de chacun des cinq partis politiques ou coalition qui remportent la primaire avant les élections générales. La solution du problème est plus simple qu'on ne le croit. Malgré ce fragile système semi-présidentiel, nous avons eu des élections démocratiques. Je pense qu'Haïti peut faire mieux avec de meilleures institutions. La beauté du gouvernement parlementaire ou Regime Parlementaire ou régime politique d'assemblée est que : Il n'y a pas d'élection présidentielle directe pour créer une crise entre les partis politiques et le CEP. Personne n'est élu directement à un poste ministériel mais à un siège départemental ou parlementaire ou communal.

Ce système de gouvernement résout à lui seul au moins 3/4 des problèmes politiques du pays. Avec ce beau système, une primaire des partis politiques tous les cinq ans serait inutile car ce système résout les problèmes des partis politiques et les problèmes des conseils électoraux permanents. Pour les détracteurs de ce système prestigieux, Je l'ai dit et je vais le redire, Haïti n'a jamais eu de système parlementaire de gouvernement ou de régime d'assemblée dans son histoire, jamais. Alors, arrêtons de nous mentir et blâmons les pays occidentaux pour nos problèmes. Ce n'est pas juste. Nous, haïtiens, créons notre système dysfonctionnel, réparons-le. On peut le faire.

Le CEP et le quota de 30% d'intégration politique des femmes en Haiti

De l'élection présidentielle de 1990, où une femme présidente a organisé l'une des élections les plus réussies de l'histoire de la politique haïtienne à la présidence de Joseph Michel Martelly en 2011 où plus de femmes ont été intégrées dans la politique, le débat pour plus d'intégration et de participation des femmes dans la politique haïtienne est avec nous. Le fait que nous en parlons, est un point de départ. Culturellement parlant, la société haïtienne considère la politique comme une profession d'hommes. Cela signifie que, à moins que nous venons avec des lois fortes pour défendre la participation des femmes à la politique, cela ne se produira jamais à grande échelle. L'article 17-1 de la constitution amendée de 1987 qui exige le quota de 30% est un excellent point de départ. Des pays comme les États-Unis, le Canada, la France, l'Allemagne et bien d'autres ont fait de grands progrès et nous pouvons les utiliser comme exemples. Le Cabinet du premier ministre Justin Trudeau en 2015 était composé à 50% d'hommes et à 50% de femmes. L'une des principales raisons à cela est que le Canada a un système de gouvernement parlementaire qui facilite l'intégration des femmes. Au niveau départemental, les Français sont venus avec des élections binomiales où deux personnes (un homme et une femme) doivent être élues dans chaque circonscription, ce qui donne aux femmes 50% de chances d'intégration politique. Je ne supporte pas ce system binomial pour Haiti pour des raisons culturelles. La chancelière allemande est une femme (Angela Merkel), la vice-présidente des États-Unis, Kamala Harris est une femme, les présidentes actuelles de Trinidad-et-Tobago et Éthiopie sont des femmes (2021)

Sur la base des informations rendues publiques par Alter Press qui est une organisation journalistique haitienne, l'administration Martelly / Lamothe est la seule administration de l'histoire de la politique haïtienne à respecter le quota de 30% en 2012. Bien que je ne défends pas ici des élections binomiales telles que le cas en France pour Haiti, le seul moyen de résoudre le problème est de l'attaquer à la racine. Cela signifie que le conseil électoral permanent ou le conseil électoral provisoire doit respecter le quota lui-même, obliger tous les partis politiques à le respecter, à travers le gouvernement, le CEP doit obliger les organisations du secteur privé, les entreprises privées, toutes les institutions gouvernementales à le respecter.

Un système de gouvernement parlementaire, des élections directes pour les conseils municipaux, les conseils départementaux entre autres sont un excellent moyen d'améliorer la participation électorale des femmes, maintenir ou augmenter le quota de 30% et diminuer ces préjugés culturels qui sévissent dans la société haïtienne depuis des décennies.

Les types d'élections et le modèle français

Pour terminer ce chapitre concernant le système électoral en Haïti, diviser le calendrier électoral en différents types d'élections facilitera les choses et créera un climat de stabilité politique et de sécurité publique. Aux États-Unis, le calendrier électoral est très confus et difficile à comprendre. Le modèle français où le calendrier électoral est divisé en quatre grandes parties (élections municipales, élections départementales/ régionales, élection à l'assemblée nationale et élections présidentielles) est un bel exemple pour nous en Haïti. Ces quatre élections se sont déroulées à quatre dates distinctes. Ces élections ont lieu tous les cinq et six ans en France. nous pouvons avoir en Haïti, des élections pour les sections communales et municipales, des élections départementales, des élections législatives et des élections présidentielles tous les cinq ans à des dates séparées.

Contrairement à la France où le peuple choisit directement le président, le parlement choisira le président en Haïti tout comme en Italie, à Trinidad-et-Tobago, en Allemagne, etc. pour éviter la confusion et le chaos qui accompagnent l'élection présidentielle directe française dans les pays sans profondes traditions démocratiques telles que les pays d'Amérique latine et d'Afrique.

CHAPITRE 9

LE PARLEMENT ET LE MODÈLE CANADIEN

Le Parlement canadien est composé de 443 membres au moins pour l'année 2020. 338 membres pour la Chambre des communes qui servent cinq ans et 105 membres pour le Sénat. Le parlement est bicaméral ou composé de deux chambres. Les sénateurs représentent différents districts plus grands que la chambre des communes. Les sénateurs au Canada comme en France sont nommés et non élus. Au Canada ils servent jusqu'à l'age de retraite de 75 ans. Les sénateurs qui servent à vie et les nomment au lieu de les élire ne fonctionnera pas en Haïti, mais tout le reste fonctionnera dans le pays si nous apprenons de cette grande institution canadienne.

Encore, Jean Jacques Dessalines avait laissé derrière lui un gouvernement militaire qui avait handicapé le pouvoir le plus puissant du pays : le Parlement. On ne sait pas quand le parlement a été installé dans le pays. Au début de la République, le pays n'avait pas de parlement mais un Conseil juridique qui siégeait au gré du président. Le président a été élu à vie. Tout ce qu'il voulait, il l'obtient du conseil juridique. C'est pourquoi le pays a eu 23 constitutions. Prenons par exemple : Toussaint,

Dessalines et Pétion, chacun avait sa propre constitution ou son propre conseil juridique ou son propre parlement pour adopter des lois qui lui facilitaient la direction du pays. Un parlement régi par des règles militaires ne sera jamais assez fort pour défendre les intérêts du peuple et de la nation. C'est pourquoi jusqu'à aujourd'hui, il y a en Haïti une culture de manque de respect de la présidence envers le parlement. Le conseil juridique présidentiel appelé parlement avait créé cette culture de manque de respect envers le parlement. Le conseil juridique appelé parlement de 1801 rédigea une constitution qui donna à Toussaint le pouvoir de gouverner à vie et de nommer son propre successeur. C'était la même chose avec Christophe lorsqu'il était président dans le Nord et Jean Jacques Dessalines après l'indépendance. Chaque homme avait un conseil juridique qui rédigeait une constitution au profit du chef au nom du peuple. Le parlement de 1816 a voté une constitution qui ne considère que les projets de loi proposés par le président Alexandre Petion. La constitution de 1874 accorda au président Michel Domingue le pouvoir de dissoudre le parlement et de gouverner par décret. Le président François Duvalier a réussi en 1957 à faire voter par le Parlement une constitution qui lui donnait un pouvoir illimité pour faire ce qu'il voulait.

En 1964, le parlement et la plupart des parlementaires étaient étroitement associés à François Duvalier. Ils ont adopté des lois proclamant François Duvalier président à vie. Ces parlementaires n'étaient pas vraiment des parlementaires au vrai sens du terme. C'étaient des conseillers juridiques créés par le président et la machine militaire pour servir leurs intérêts personnels.

La Constitution de 1987 et le Parlement

En comparaison avec d'autres, la constitution de 1987 est la meilleure constitution que le pays ait eue au cours des 200 dernières années d'indépendance. En vertu de cette constitution, le parlement a eu plus de pouvoir qu'avant. Les articles 88 à 132 énuméraient le pouvoir du parlement en ce qui concerne sa fonction dans le pays. Il est vrai que cette constitution est meilleure que les autres, c'est loin d'être normal. C'est pourquoi je pense que le pays est toujours dans une période constitutionnelle ou une crise constitutionnelle. Tant que le pays sera dans cet état instable, le parlement ne pourra pas fonctionner correctement. L'article 88 a commencé par indiquer le nombre de chambres que le législateur devrait avoir. Il a clairement indiqué que le parlement du pays est composé de deux chambres : la chambre des députés et le sénat. L'article 89 traite de la chambre basse du parlement. C'est la chambre des députés. L'article 89 stipulait clairement que la chambre des députés ne devrait pas avoir moins de 70 députés. L'article 91 énonçait l'obligation pour quelqu'un d'être élu député dans le pays. Des exigences telles que : 25 ans, jamais renoncé à la nationalité haïtienne, ne pas être en prison tout en essayant de se présenter aux élections entre autres sont clairement énoncées dans la constitution. Les articles 94 concernent le Sénat. Le nombre de senateurs ne doit pas dépasser 30.

La constitution stipule clairement que 3 sénateurs par département doivent être élus dans le pays. Puisqu'il y a 10 départements, le nombre de sénateurs est de 30. Les sénateurs sont élus pour une période de 6 ans. La constitution stipulait que 1/3 du Sénat devait être remplacé tous les 2 ans. L'article 96 traite des conditions requises pour être sénateur. Une personne doit être âgée de 30 ans, ne jamais avoir renoncé à la nationalité haïtienne, ne pas être en prison pour se présenter aux élections, la personne doit résider dans le département qui va l'élire pendant au moins 4 années consécutives. Il existe d'autres exigences qui ne sont pas répertoriées ici dans ce paragraphe. Les articles 96 parlent de l'Assemblée nationale. L'assemblée nationale est simplement la réunion des deux chambres plus parfois l'invitation du président, du gouvernement et de la Cour supreme ou Cour de Cassation. La constitution indiquait clairement quand le parlement devait se réunir en assemblée nationale. La modification de la constitution, le serment du président, le premier ministre déclarant son programme de gouvernement et bien d'autres exigent que le parlement se réunisse en assemblée nationale.

Nomination et Révocation des Premiers Ministres

La nomination et la révocation des premiers ministres et des autres fonctionnaires du gouvernement ont été un pouvoir accordé au parlement par la constitution. Le parlement a eu le pouvoir de révoquer le président mais pour certaines raisons, le parlement haïtien n'a jamais rappelé un président dans l'histoire du pays. Si le Parlement a fait une telle chose. Je n'en suis pas au courant. L'article 129 donne au parlement le pouvoir de révoquer le Premier ministre ou tout membre du gouvernement. Les articles 185 et 186 énoncent clairement ce qui devrait arriver au président, au premier ministre et aux secrétaires d'État s'ils ne font pas leur travail.

Le Parlement a le pouvoir de les démettre de leurs fonctions. Le gouvernement militaire et le système semi-présidentiel établi par la constitution de 1987 sont deux raisons pour lesquelles le Parlement n'a pas réussi à rappeler un président de ses fonctions. Le gouvernement militaire a créé un culte de la personnalité dans le pouvoir exécutif. Le Parlement a été intimidé par la présidence parce que la présidence obtient généralement le soutien de l'armée. Même si le président Jean Bertrand Aristide a mis fin à l'existence de l'armée, ce culte de la personnalité est toujours là. Une autre chose qui rendra difficile pour le parlement de démettre le président de ses fonctions est sa popularité. Dans un système semi-présidentiel, le président est élu par le peuple. Dans la culture politique haïtienne, le parlement ne peut pas révoquer un président populaire pour une faute. Si le Parlement tente de le faire et réussit quelque peu, les citoyens du pays se retourneront contre eux jusqu'à ce qu'ils obtiennent ce qu'ils veulent.

Les premiers ministres suivants ont été nommés par le parlement et ont été démis directement et indirectement par le parlement. Quand je dis indirectement, cela signifie que la pression du parlement et du peuple haïtien oblige les ministres à démissionner de leurs functions. Les noms ici peuvent ne pas être par ordre chronologique. J'essaie simplement de montrer l'instabilité du système et comment y remédier. René Garcia Preval a été Premier ministre d'Haïti sous la première administration de JBA. Il a été facilement nommé par le parlement en raison de la popularité de l'ancien prêtre. Malheureusement, le president Aristide a duré moins de 2 ans à cause du coup d'État du 30 Septembre 1991. L'ancien

Premier ministre s'est exilé. En exil, le président a choisi Robert Malval comme Premier ministre. Il a été nommé par le parlement et a démissionné plus tard de son propre chef en raison de la pression politique du peuple et du gouvernement militaire qui existait à l'époque. Quand Aristide est revenu au pouvoir en 1994, il avait Smarck Michel et Claudette Werleigh comme premiers ministres. Smarck Michel était un industriel et Claudette Weirleigh était une diplomate de carrière. Tous deux ont été facilement nommés premiers ministres par le parlement en raison de la popularité d'Aristide. Cependant, Aristide n'a pas duré longtemps au pouvoir et la pression politique les a poussés à quitter le gouvernement. Claudette Weirleigh a été suivie par Rosny Smarth en 1996 sous la première administration du president Préval. Rosny Smarth démissionne du poste de Premier ministre en 1997 avant que le président n'ait pu trouver quelqu'un pour le remplacer. Rosny Smarth a été suivie par Jacques Edouard Alexis de 1999 à 2001. Jacques Edouard Alexis est un grand intellectuel avec beaucoup d'expérience au gouvernement. Il n'a servi que deux ans en fonction. Au cours de la deuxième présidence de Préval, Jacques Eduard Alexis est redevenu Premier ministre et n'a exercé ses fonctions que pendant deux ans de 2006 à 2008.

La pression politique du Parlement et du peuple haïtien sur les prix des denrées alimentaires l'a contraint à démissionner. Gerard Latortue Devenu Premier ministre lors du deuxième coup d'État contre le président Jean Bertrand Aristide en 2004. Il a duré environ 2 ans en fonction. Il était bureaucrate sous la présidence de Leslie François Manigat en 1988. Il était également fonctionnaire de l'ONU. Il a organisé l'élection de

2006 qui a amené le président Préval à sa deuxième présidence. La démission d'Alexis a été suivie par Michelle Duvivier Pierre Louis. Elle était la deuxième femme à être Premier ministre d'Haïti. Elle a été Premier ministre sous Préval de 2008 à 2009. Avant de devenir Premier ministre, elle a été directrice d'une organisation financée par le billionnaire américain George Soros. Après Michelle Duvivier Pierre Louis, une série de premiers ministres a suivi qui n'a pas duré longtemps en fonction.

Réorganiser le Sénat et la chambre des députés au Parlement

Comme je l'ai dit plus tôt, le modèle canadien dans lequel les membres de la Chambre des communes sont élus pour cinq ans et provenant de différents districts est un bon exemple à suivre. Plus une province ou un territoire est grand, plus une province ou un territoire a d'habitants au Canada, plus il y a de districts sénatoriaux et de districts pour la chambre des députés. Nous devons comprendre qu'Haïti n'est pas le Canada. Nous devrons modifier les choses pour qu'elles correspondent à notre culture et à notre société. Par exemple, Haïti compte environ 42 arrondissements, nous aurons un sénateur par arrondissement ce qui donnera au pays 42 sénateurs. Ceci n'est qu'une proposition. L'essentiel ici est d'apporter des modifications au Sénat où tout le departement ne vote pas pour un sénateur, comme c'est le cas aux États-Unis. Le modèle que nous utilisons pour la chambre des députés devrait être utilisé pour élire les sénateurs où ils représentent les différents districts du département. Par exemple, les 30 sénateurs actuellement établis dans la constitution devraient représenter 30 districts différents du pays. S'il est porté à 50 sénateurs, ils devraient représenter 50 districts différents. Comme je l'ai déjà mentionné, le Sénat au Canada et le Sénat en France sont de bons exemples en matière de circonscription. Différentes élites du pays sont pour l'élimination du sénat. L'élimination du Sénat serait la plus grande erreur politique de l'histoire d'Haïti. Étant donné que ce livre propose un système de gouvernement parlementaire pour Haïti, le Sénat devrait avoir le pouvoir d'approuver ou de refuser les représentants du gouvernement, les juges, les ministres, et les traités proposés par le président et le premier ministre. Les deux chambres devraient se surveiller mutuellement. Haïti compte actuellement environ 119 députés représentant différents districts. Tous seraient élus pour cinq ans lors d'une élection directe. L'organisation traditionale du regime parlementaire ou le president de la chambre des députés et le premier ministre sont deux postes séparés est un bon modèle.

La chambre des députés en Haiti n'a pas besoin de trop de réorganisation car elle suit les normes parlementaires normales contrairement au Sénat actuel. Nous avons besoin de plus de sénateurs au lieu de moins pour qu'un système parlementaire fonctionne bien en Haïti. Encore, comme en Italie et dans certains autres pays dotés d'un système de gouvernement parlementaire, le parlement (le sénat et la chambre des députés) devrait être organisé pour cinq ans. Comparée à sa population, la Jamaïque compte plus de sénateurs qu'Haïti. Nous devons procéder au plus vite aux réformes au Sénat. Avec la configuration politique actuelle, aucun Premier ministre n'a passé cinq ans au pouvoir. C'était soit qu'ils démissionnent d'eux-mêmes, soit que le Parlement les a révoqués. Ces gens sont qualifiés et peuvent aider le pays. Avec un système instable, ils ne peuvent pas faire grand-chose. Au moment où j'écris ce livre, certains de ces personnes sont partout en Amérique du Nord et en Europe au service d'autres gouvernements ou institutions universitaires.

Vous pourriez vous demander pourquoi ils ne restent pas en Haïti? Ma réponse est que l'environnement politique ne leur donne pas les conditions nécessaires pour rester et servir le pays. Des gens comme Jacques Eduard Alexis est toujours en Haïti pour servir dans le domaine de l'éducation à l'Université Quisqueya. Il se peut que d'autres anciens premiers ministres vivent encore dans le pays. L'ancien Premier ministre Marc L Bazin avait un club de Premier ministre qui était composé d'anciens Premiers ministres du pays. Ils avaient l'habitude de discuter de la situation actuelle en Haïti. Peu importe ce que quelqu'un pense de Marc L Bazin, c'était une bonne initiative. Bazin lui-même a été Premier ministre d'Haïti de 1992 à 1993 après le coup d'État qui a fait sortir Aristide du pays. C'était une initiative pour encourager les anciens dirigeants à rester dans le pays. C'est ainsi qu'ils le font aux Bahamas, en Jamaïque, au Canada, en Allemagne et dans de nombreux autres pays à gouvernement parlementaire. Si aucun parti ou coalition n'a cette majorité des 2/3, le président choisirait quelqu'un de la chambre des députés et cette personne deviendrait le premier ministre du pays avec le soutien de la chambre des députés et du sénat.

Le gouvernement serait à l'intérieur du parlement et non à l'extérieur. La personne choisie pour être premier ministre choisirait son vice-premier ministre. En cas de décès, de démission et d'autres problèmes, le vice-premier ministre remplacerait le premier ministre sans trop de controverse. Le peuple élirait le parlement et le parlement élirait le président du pays parmi les différents candidats. Les Caraïbes anglaises sont un bon exemple à suivre. Le Canada, l'Allemagne, l'Italie, la Trinidad-et-Tobago en sont de bons exemples. Nous créerions ce que j'appelle un gouvernement parlementaire aux caractéristiques haïtiennes.

Élection Parlementaire 2015-2016

Des élections parlementaires ont eu lieu en Haïti le 9 août 2015, un second tour étant initialement prévu le 25 octobre. Les deux tiers du Sénat et tous les membres de la Chambre des députés étaient en lice.

Le deuxième tour des élections législatives qui a été suspendu en 2015 a eu lieu en octobre 2016, avec le premier tour pour un tiers du Sénat et le premier tour de toute la nouvelle élection présidentielle.

Selon les observateurs internationaux, les premiers tours de scrutin ont connu une fraude importante, notamment des personnes votant plus d'une fois en raison d'un échec de l'encre indélébile, l'achat de votes en raison d'un manque de secret, une mauvaise formation des agents électoraux, un mauvais suivi des partis politiques et d'autres problèmes. Cela a entraîné l'annulation de certains résultats et la planification de réexécutions. Les États-Unis ont retiré le financement du cycle d'octobre 2016, bien qu'ils aient soutenu financièrement les cycles précédents et l'observation de l'Organisation des États américains.

Les 99 membres de la Chambre des députés sont élus dans des circonscriptions uninominales selon le système à deux tours. En mars 2015, un nouveau décret électoral a déclaré que la nouvelle Chambre des députés compte 118 membres et que le Sénat conservera les 30 membres. Le 13 mars 2015, le président Martelly a publié un décret qui divise la Cerca La Source en deux circonscriptions, augmentant ainsi le nombre de députés à 119. Un tiers des 30 membres du Sénat est élu tous les deux ans, en utilisant le system a deux tours. Comme je l'ai déjà dit, les sénateurs et les députés devraient être élus pour cinq ans en une seule élection à deux tours.

CHAPITRE 10

L'EXÉCUTIF ET LES MODÈLES DE L'ALLEMAGNE ET DE TRINIDAD-ET-TOBAGO

L'Allemagne et Trinidad-et-Tobago ont ce que les politologues ont appelé une république parlementaire ou régime parlementaire où le président est choisi par le parlement. Le gouvernement vient de la chambre basse. En Allemagne, on l'appelle le *Bundestag* à Trinidad, on l'appelle la maison des représentants. Les deux signifient la même chose. Le Premier ministre est choisi parmi les membres de la chambre basse. Ces deux pays sont de beaux exemples pour nous en Haïti.

Les articles 134 à 172 concernent le pouvoir exécutif. Ici, je parle du président et du premier ministre. La constitution disait que le président devait être élu par le peuple et pour le peuple. S'il y a une première élection et qu'il n'y a pas de gagnant, une deuxième élection ou un deuxième tour est organisé jusqu'à ce que quelqu'un ait la majorité des voix pour être le président du pays. La constitution mentionne que le président a un mandat de cinq ans et qu'il ne peut être réélu après ces cinq années. Certaines conditions pour être président d'Haïti comprennent : avoir au moins 35 ans, avoir une propriété dans le pays. La personne doit être née en Haïti et aussi avoir vécu dans le pays pendant cinq années consécutives. Le pouvoir du président est clairement indiqué dans la constitution. Le pouvoir de nommer le Premier ministre est un pouvoir que les présidents d'Haïti exercent de temps en temps puisque le Premier ministre va et vient très rapidement en raison de la faiblesse du système. Le premier ministre est le chef du gouvernement. Il doit être choisi par le président du pays. Il a le pouvoir de choisir ses ministres et les secrétaires d'État. Habituellement, il ou elle fait cela de concert avec le président.

Si un système de gouvernement parlementaire est mis en place dans le pays, donner au président deux mandats consécutifs de cinq ans ne sera pas un problème majeur. Deux mandats consécutifs dans un système présidentiel en Haïti sont un danger. Certaines élites du pays sont pour un système de gouvernement présidentiel où le président et le vice-président sont élus sur le même ticket. Si cela se produit dans le pays, ce serait l'une des plus grosses erreurs politiques de l'histoire du pays. Ce système présidentiel de président et de vice-président, supprimerait le contrôle et la supervision du parlement sur l'exécutif, ce qui est nécessaire au bon fonctionnement du pays. Dans ce livre et dans ce chapitre, je n'essaye pas ici de réécrire la constitution. J'essaie simplement de mentionner quelques éléments de base. Si la constitution vous intéresse, le mieux que vous puissiez faire est de la lire. Vous pouvez aller en ligne pour le faire ou consulter la bibliothèque la plus proche de chez vous pour plus d'informations.

La Présidence de Jean Bertrand Aristide

Depuis la rédaction de la constitution de 1987, ces trois présidents ont eu leur impact sur le peuple haïtien plus que tous les autres présidents du pays. Jean Bertrand Aristide est né à Port Salut, une ville du sud d'Haïti. Il a grandi à Port-au-Prince. Il a fait ses études au Collège Notre Dame Du Cap qui est devenu plus tard l'Université Notre Dame. Au cours de sa carrière académique, Jean Bertrand Aristide a fait ses études dans plusieurs pays tels que : Israël, la Grèce, la République dominicaine, etc.

Comme beaucoup d'intellectuels de son temps, Jean Bertrand Aristide était un anti-Duvalier. Il était très célèbre pour avoir critiqué le gouvernement et aussi pour sa théologie de la libération. Devenu prêtre catholique, Jean Bertrand Aristide a commencé sa politique dans les mouvements *ti legliz*. Le *ti legliz* ou petite église était sa base pour sa campagne pour une meilleure Haïti pour tous. Aristide a commencé à prêcher ce que le Dr Myles Munroe ou Jésus-Christ lui-même appellerait l'évangile du royaume. Cela signifie que Dieu veut que vous ayez de la nourriture à manger, une bonne maison pour vous loger, Dieu veut que vous ayez la paix dans votre pays, Dieu veut que vous soyez en bonne santé et que vous jouissiez du système économique avec la vie éternelle.

Pour sa première campagne à la présidence, Aristide s'est associé au FNCD ou au Front national pour le changement et la démocratie. J'ai déjà mentionné dans ce livre que le FNCD n'était pas un parti politique mais une coalition qui essayait de prendre le pouvoir. Plusieurs partis politiques se sont réunis pour créer le FNCD. Des dirigeants du FNCD tels que Victor Benoit, Evans Paul entre autres ont choisi Aristide en raison de sa popularité. Aristide a remporté l'élection avec plus de 67% des voix. C'était pour la première fois dans l'histoire du pays qu'un président était élu à une si grande majorité. Malheureusement, le coup d'État du 30 septembre 1991 a mis fin à la joie et à la fête du peuple. Raoul Cedras, Phillipe Biamby, Michel François et Emmanuel Constant ont été les chefs de file de ce terrible coup d'État. J'étais à Port-au-Prince à ce moment-là. C'était une période de terreur dans le pays. Haïti était comme un État communiste qui a rejeté l'existence de Dieu où toutes sortes de crimes étaient autorisées. Le président Aristide est revenu au pouvoir en 1995 avec le soutien de l'administration Clinton, des Nations Unies et d'autres institutions internationales. Il n'a pas eu beaucoup de temps pour faire grand-chose pour le pays. Il a organisé l'élection pacifique qui a amené Préval au pouvoir en 1995. L'élection présidentielle de 2000 a ramené Jean Bertrand Aristide au pouvoir pour un second mandat. Tout comme lors de son premier mandat, le président Aristide n'a pas eu la chance de terminer son second mandat. Un soulèvement en 2004, déclenché par un ancien chef de la police du nom de Guy Philipe, a mis fin à la présidence de Jean Bertrand Aristide. Il a été forcé de se réfugier en Jamaïque et plus tard en Afrique. Le 18 mars 2011, Jean Bertrand Aristide est arrivé à Port-au-Prince après son exil en Afrique du Sud.

La Présidence de René Garcia Preval

René Garcia Preval est né à Marmelade, une commune ou ville du département de l'Artibonite. Il a reçu sa première éducation en Haïti et a ensuite fréquenté des écoles en Europe, en particulier en Belgique et en Italie. Le père Preval était agronome et travaillait pour le président Paul Magloire. Preval a suivi les traces de son père et est devenu lui-même agronome. Après avoir vécu à New York pendant environ cinq ans, Preval est retourné en Haïti et a commencé à travailler dans plusieurs entreprises. Pendant son séjour en Haïti, son amitié avec Aristide lui a donné l'opportunité de devenir Premier ministre du pays. Cette opportunité d'être Premier ministre lui a donné l'opportunité de devenir président du pays pendant une période de dix ans.

La branche exécutive est tombée sous Préval qui a remporté l'élection présidentielle de 1995. Il a remporté plus de 88% des voix. Preval a servi un mandat de cinq ans sans interruption. Outre le président Nissage Saget, Préval est le deuxième président qui a rempli un mandat complet. Preval a soutenu la philosophie du parti Fanmi Lavalas lors de son premier mandat. Il s'est opposé aux points de vue de l'OPL au parlement haïtien. L'Organisation du peuple en lutte ou OPL est l'un des principaux partis politiques du pays. Pendant la présidence de Préval, des réformes majeures ont été effectuées. Les réformes dans l'agriculture, les écoles et le chômage étaient visibles pour le peuple et c'est pourquoi le peuple lui a donné un second mandat.

René Garcia Preval a remporté la présidence pour un second mandat à l'élection présidentielle de 2006. Le pouvoir exécutif est retombé sous la direction de l'agronome pour un second mandat. René Garcia Preval a rompu avec le parti Fanmi Lavalas et a commencé *Lespwa* ou Espoir. Il n'a pas été facile pour Préval de remporter les élections alors qu'il était le politicien le plus populaire du pays à l'époque. Il a eu de bons résultats lors de son premier mandat de président. Il a pu l'utiliser efficacement pour le deuxième mandat. Gerard Latortue, un ancien fonctionnaire de l'ONU était Premier ministre pendant cette période. Il y avait des stratégies pour prouver que Préval n'était pas le vainqueur des élections de 2006. Le peuple haïtien n'était pas prêt à accepter un président pour lequel il n'a pas voté. Ils étaient prêts à marcher et à marcher et à marcher jusqu'au CEP et jusqu'à ce que la communauté internationale leur donne ce qu'ils veulent. C'est exactement ce qui s'est passé. René Garcia Preval est devenu président pour un second mandat. Deux ans à la présidence de Préval, il y a eu une émeute alimentaire à laquelle il a réussi à survivre. Les gens manifestaient pour de meilleures conditions de vie dans tout le pays et Préval n'était pas en mesure de livrer ce qu'il avait promis au peuple. En plus de ne pas pouvoir livrer, Préval s'est éloigné d'Aristide. Les gens n'étaient pas prêts à lui pardonner cela. Environ deux ans après l'émeute alimentaire dans le pays, le tremblement de terre le plus meurtrier de l'histoire du pays s'est produit. C'était trop pour le président Préval à gérer. Les gens en Haïti et à l'extérieur d'Haïti ont critiqué le président pour sa faible réponse au tremblement de terre. L'arrivée de la période électorale 2010-2011 a mis fin à la présidence de René Garcia Préval. Sous sa direction, l'exécutif n'a pas donné grand-chose. À une occasion, il dirigeait le pays sans le pouvoir le plus important, à savoir le parlement. Son éloignement d'Aristide était son critique le plus sévère du peuple haïtien.

La Présidence de Michel Joseph Martelly

Après la présidence de René Garcia Preval, le pouvoir exécutif est tombé sous la direction de l'un des musiciens les plus connus et les plus titrés du pays, Joseph Michel Martelly. Selon beaucoup, depuis l'entrée en vigueur de la constitution de 1987, Michel Martelly était le troisième président démocratiquement élu. Michel Martelly est né dans une famille de classe moyenne à Port-au-Prince. La famille faisait des affaires dans l'industrie pétrolière avec Shell. Après le lycée, Martelly a essayé l'armée mais n'y est pas restée longtemps. En 1984, il a déménagé aux États-Unis et est revenu en Haïti un an plus tard. C'est alors qu'il a commencé fortement dans l'industrie musicale haïtienne. La manière de chanter de Martelly en créole ordinaire l'a aidé dans son statut de célébrité dans tout le pays. En 1988 et après, Martelly était le président de *konpa mizik* en Haïti. Il n'était pas encore le président du pays mais le président de l'industrie musicale. En 1997, Martelly et Wyclef Jean ont réussi à travailler ensemble et ils ont réussi un clip vidéo. Les gens qui le connaissaient avant qu'il soit devenu président ont déclaré qu'il avait beaucoup d'opinions politiques sur ce qui se passe dans le pays. Ils ont dit que le seul problème est que, ses talents musicaux ont empêché les gens de voir à quel point Martelly était sérieux dans la politique. En 1992, Martelly a donné sa participation en chantant gratuitement pour protester contre le retour d'Aristide au pouvoir en 1994.

En 2004, un bon ami de Martelly est devenu Premier ministre et cette fois il est retourné en Haïti non pas pour faire partie du gouvernement sous Gérard Latortue mais pour échapper à la crise économique à Miami sur ses propriétés.

Martelly qui avait beaucoup à dire et à faire sur la politique d'Haïti mais qui n'a jamais eu de chance, a participé à l'élection présidentielle de 2010-2011 dans le pays. C'était le moment idéal pour le président puisque le parti le plus populaire du pays à l'époque n'était pas autorisé à participer aux élections. Ici, je parle de Fanmi Lavas. Outre Fanmi Lavalas, le politicien le plus populaire des premiers jours de la course n'a pas été autorisé à participer aux élections. Fondamentalement, la course concernait Martelly et Mirlande Manigat. Un problème avec Mirlande Manigat est le fait qu'elle fait de la politique depuis des années mais qu'elle n'était pas aussi populaire qu'elle le pensait. Psychologiquement parlant, le ballon était du côté de Martelly. Comme les politiciens américains aiment à le dire, Martelly a toutes les cartes. Joseph Michel Martelly est devenu président d'Haïti en mars 2011. Selon les gens et d'après ce que j'ai vu, c'est une personne très intelligente et il a une forte volonté de faire avancer le pays. Il a réussi à publier la constitution amendée de 1987 qui exige que 30% de tous les emplois gouvernementaux reviennent aux femmes. Il a mis fin à quelques projets lancés par le président René Garcia Preval. Il s'est rendu chez tous les anciens dirigeants du pays pour créer une atmosphère d'Unité. Ces stratégies ont prouvé que si l'élite politique veut aider, le pays peut aller très loin. Certains intellectuels ont critiqué le président pour avoir publié la constitution amendée de 1987. S'il ne la publiait pas, il aurait des critiques. Il l'a publié, il y a des critiques. Je pense que le président a fait la bonne chose en publiant la version amendée de la constitution. Par contre, certaines parties de la constitution amendée créent plus de confusion.

Puisque nous sommes dans une période constitutionnelle, je pense que nous devons continuer à modifier la constitution jusqu'à ce qu'elle devienne un document qui puisse servir efficacement le peuple haïtien. Il vaut mieux essayer et échouer que de ne pas essayer du tout. Le président a essayé et pour la plupart il a échoué. Je lui attribue personnellement le mérite d'avoir essayé. C'est ça la vie et la politique.

Comme je l'ai mentionné à plusieurs endroits dans les chapitres précédents, la constitution de 1987 était une bonne chose. Le seul problème est que : nous devons y travailler pour en faire ce qu'il faut pour servir le peuple. Le système semi-présidentiel ou régime semi-présidentiel qu'elle a mis en place ne va pas sortir le pays de la situation dificile dans laquelle il se trouve. En ce qui concerne le président, je propose d'élire le président par un vote parlementaire comme le cas à Trinidad et Tobago, Allemagne et Italie. Le parlement se réunirait en assemblée générale composée des deux chambres. Ils voteraient pour le président lors d'une élection à deux tours, s'il n'y a pas de gagnant au premier tour, il y aura un deuxieme tour. Les parlementaires actuels ne devraient pas être candidats à cette élection.

Pour le gouvernement, j'ai déjà mentionné qu'il viendrait de la chambre des députés. S'il y a par exemple 70 députés, le gouvernement serait composé de ces 70 députés en tant que ministres et secrétaires d'État et autres fonctionnaires du gouvernement. Pour être membre du gouvernement, il faut d'abord être député. Près de nous, nous avons un bon exemple de ce système parlementaire de gouvernement. Les Bahamas, la Jamaïque, la Dominique et Trinidad-et-Tobago sont de bons exemples à suivre. Le pouvoir de la chambre des députés diminuerait quelque peu et le pouvoir du sénat augmenterait quelque peu. Le gouvernement utiliserait un processus que j'appelle la représentation proportionnelle directe : si un parti comme Fanmi Lavalas détient 40% de la chambre des députés, il aura 40% du gouvernement. Si un parti comme l'OPL détient 30% de la chambre des députés, il aura 30% du gouvernement. Si un parti comme le RDND détient 20% de la chambre des députés, il aura 20% du gouvernement. Ce serait la même chose pour les autres partis présents au parlement.

Dans cette réforme, les députés continueraient d'être élus comme d'habitude et les senateurs serait élu un par arrondissement ou districts ou circonscriptions. Si nous avons 43 arrondissements, nous aurons 43 sénateurs. Ils seraient élus directement par la population du pays, comme c'est le cas en Italie. La politique traditionnelle qui a handicapé le pays pendant des décennies en raison d'un système politique divisé de gouvernement tel que la démocratie semi-présidentielle ou la démocratie présidentielle disparaîtrait et serait remplacée par un gouvernement parlementaire à représentation proportionnelle directe.

L'Élection Présidentielle de 2016

Des élections présidentielles ont eu lieu en Haïti le 20 novembre 2016, après avoir été reportées à plusieurs reprises. Les élections ont été supervisées par le Conseil électoral provisoire (CEP) et se sont déroulées selon le système à deux tours, avec un deuxième tour prévu le 29 janvier 2017 si aucun candidat n'a obtenu la majorité absolue des voix au premier tour (50% plus une voix). Cependant, le 27 novembre, les responsables électoraux ont annoncé que, selon les résultats préliminaires, Jovenel Moïse avait remporté l'élection au premier tour avec plus de 50% des voix et a pris ses fonctions le 7 février 2017. Le taux de participation était de 21%.

En raison des manifestations massives qui ont suivi les élections de 2015, le second tour, initialement prévu pour le 27 décembre 2015, a été reporté à plusieurs reprises, le dernier devant se tenir en octobre 2016. Cependant, le Conseil électoral provisoire (CEP) a annoncé le 5 avril 2016, que de nouvelles élections se tiendraient le 9 octobre, avec un éventuel second tour le 8 janvier 2017. Le premier tour prévu pour le 9 octobre a été par la suite reporté en raison du passage de l'ouragan Matthew.

Au total, 27 candidats se sont présentés à la présidence, mais seuls six ont activement fait campagne et ont été considérés comme de sérieux prétendants : Edmonde Supplice Beauzile (Fusion des sociaux-démocrates), Jean-Henry Céant (Renmen Ayiti), Jude Célestin (LAPEH / La Paix), Jean-Charles Moïse (Pitit Dessalines), Jovenel Moïse (Parti Haïtien Tèt Kale) et Maryse Narcisse (Fanmi Lavalas). Chacun des six, à l'exception de Beauzile, « entretient des liens étroits avec un ou plusieurs des anciens présidents élus : Michel Martelly, René Préval et Jean-Bertrand Aristide ».

CHAPITRE 11

LE SYSTÈME JUDICIAIRE ET LE MODÈLE DU SYSTÈME DE JUSTICE CANADIEN

Le Canada fait partie des dix premiers pays dotés des meilleurs gouvernements au monde selon une étude. Son système judiciaire qui comprend le système des tribunaux (juges, avocats, personnel de soutien), le système de police et le système pénitentiaire est bien organisé et décentralisé. Les articles 173 à 184 concernent la cour de Cassation. La Cour de Cassation est l'une des trois principaux pouvoirs du pays. La Constitution reconnaît cela et c'est pourquoi le pouvoir judiciaire ne peut pas être négligé. Les juges de la Cour de Cassation et des cours d'appel sont nommés pour 10 ans et les juges du tribunal de première instance sont nommés pour 7 ans. La Constitution continue de dire que les juges de la Cour de Cassation sont nommés par le président sur une liste soumise par le sénat et les juges des cours d'appel et de première instance sont nommés sur une liste soumise par les assemblées départementales et communales. S'attaquer au système judiciaire en Haïti n'est pas une tâche facile en raison de la complexité des problèmes du pays. Dans ce chapitre, je donne le cadre dans lequel le système doit fonctionner. Si vous lisez attentivement ce livre, je parle plus de la vue d'ensemble que des détails. Cela ne veut pas dire que les détails ne sont pas importants. Les détails sont aussi importants que la vue d'ensemble. Je parle simplement de ce que j'ai des connaissances à aborder. Un bon système de justice est profitable pour tout le pays. Un bon système de justice crée la confiance des gens dans le gouvernement. Cela crée également une atmosphère propice au développement économique et social. Au gouvernement, tout affecte tout. Cela signifie que si une institution ne fonctionne pas, cela crée une faiblesse dans les autres institutions et les rend dysfonctionnelles. C'est ce que le système judiciaire a fait dans le pays.

Le System des Tribuneaux

Notre système de justice est basé sur le modèle français. Je ne critique pas ici la France mais leur modèle est très centralisé et doit être réformé. En Haïti, on peut garder les bases du système français mais le réformer en fonction de notre réalité . En Haïti, la justice est en faillite pour plusieurs raisons et dans différents aspects. Pour l'opinion publique, les juges, avocats, les commissaires de gouvernement, etc. sont corrompus. La réalité c'est que nous avons corruption dans tous les pays du monde. La vérité c'est de créer un système de justice qui peut combattre la corruption au sein de lui même. Pour créer ce system, la décentralisation est essentielle. Le system judiciaire haïtien est divisé en quatre niveaux : tribunal de paix, tribunal de première instance, cour d'appel et cour de cassation ou CSPJ(conseil supérieur du pouvoir judiciaire) Selon le format actuel, le gouvernement municipal, le gouvernement départemental, le sénat de la république doivent soumettre leur liste des juges au président pour le choix final. Si le président est d'un parti politique ou d'un autre, ce system force les juges à prendre des décisions en faveur d'un parti ou d'un autre ou en faveur d'un président ou d'un autre. Ce system doit décentraliser ou le gouvernement municipal, le gouvernement départementale, le président de la république soumissent leur liste au CSPJ pour investigation judiciaire et le CSPJ au Senat de la république pour le choix final des juges. C'est le cas dans les pays les plus démocratiques. Pour les commissaires de gouvernement, un pourcentage doit être choisi par le pouvoir central et un autre pourcentage par les gouvernements départementaux pour le meilleur fonctionnement de l' etat. Les processus démocratiques tels que les élections ont mis à l'épreuve notre système judiciaire au-delà de toute croyance. Ces premières mesures doivent être prises pour au moins apaiser le problème.

Le Système de Police et le Système Pénitentiaire

De nombreuses institutions sont essentielles au développement d'un bon gouvernement. Ces deux éléments sont très cruciaux : le système carcéral et le système policier. Ils sont tous centralisés. Nous devons faire la première chose qui est de les décentraliser à trois niveaux : local ou municipal, départemental et national.

La Police

Pour le système de police, cela doit se faire à trois niveaux : communal, départemental et national. Tout ce que nous avons à faire est de réformer la police nationale et de la transformer en ces trois niveaux. Pour la police municipale ou communale, nous aurions un poste dans chaque commune sous la direction du gouvernement communal. 60% de l'effectif de la police nationale irait dans la police Municipale. Disons qu'il y a 16 000 agents de police dans la Police nationale, dont 60% ou 9 600 agents de police constitueraient les services de police communaux sous la direction du maire et du conseil municipal, quelque chose de similaire au Canada et aux États-Unis. Pour la police départementale, nous aurions un poste dans chaque arrondissement sous la direction du gouvernement départemental. 25% de l'effectif de la police national irait dans la police departementale. Disons qu'il y a 16 000 policiers dans la police nationale, dont 25% ou 4 000 policiers constitueraient la police départementale sous la direction du premier délégué et de l'assemblée départementale. Pour la police nationale, nous aurions un poste dans chaque capitale départementale. 15% de l'effectif de la police nationale resterait dans la police nationale avec cette nouvelle restructuration.

Disons qu'il y a 16 000 policiers dans la police nationale, dont 15% ou 2 400 policiers constitueraient la police nationale sous la direction du premier ministre et du directeur de la police. Chaque niveau de police aurait un niveau de responsabilité spécifique. La police Nationale serait comme a l'ordinaire sous la direction du gouvernement central. Le Canada et les États-Unis sont un bon exemple à cet égard.

Les Prisons

Vous devez comprendre que dans tout pays organisé, le system des prisons ou le système carcéral est clé dans le bon fonctionnement du gouvernement ou de l'Etat. Il semble que les politiciens haitiens on perdu la responsabilité de former les prisons pour la sécurité publique du pays. Il y a beaucoup de critiques concernant le system des prisons en Haiti. L'un des critiques de la prison haïtienne est surpopulation ou les personnes accusées et les personnes condamnés sont dans le même cellule. Selon les recherches et un rapport par le RNDDH (Réseau Nationale de défense des droits de l'homme), Haïti a plus de prisonniers qu'elle a de prisons. Plus de 70% des prisonniers n'ont pas la chance de paraitre devant un juge concernant leur cas. Beaucoup de prisonniers meurent de malnutrition et de manque de sante. Comme L'Etat, La justice, et la police, la première chose à faire et pour simplifier le problème, c'est de décentraliser les prisons en Haïti en deux niveaux: Prisons départementales sou le contrôle du gouvernement départemental pour les détenus qui purgent 2 ans ou moins et les prisons nationales sou le contrôle du gouvernement national pour les détenus qui purgent 3 ans ou plus. Nous aurions par exemple une prison dans chaque arrondissement pour les prisons départementales et une prison dans chaque département pour les prisons nationales ou pénitenciers nationaux. Les prisons pour les femmes, les jeunes, etc. seraient de ce modèle. Ce model de prison est une réussite au Canada et aux USA de manière structurelle.

Le Pouvoir Judiciaire et Ertha Pascal Trouillot

Selon la constitution de 1987, si le président est incapable de remplir ses fonctions pendant son mandat, le président de la Cour de Cassation devra prendre le pouvoir et diriger le pays. Les juges de la Cour de Cassation jouissent de ce type de pouvoir. C'est pourquoi il est important que les juges du pays soient qualifiés et soient prêts à être président au cas où quelque chose d'inattendu arriverait au président. La version amendée de la constitution de 1987 a réussi à changer cela. Sur la base du nouveau système, si le président est incapable de remplir son devoir pendant qu'il est en fonction, le premier ministre doit remplacer le président pour le temps restant à la présidence. La question est de savoir si, il n'y a pas de Premier ministre à ce moment-là. Et si le Premier ministre est rappelé par le Parlement et avant de choisir un nouveau Premier ministre, le président est mort. Je pense que c'était une bonne chose d'essayer de modifier la constitution, mais nous avons encore un long chemin à parcourir. C'est pourquoi je crois fermement qu'à moins de traverser cette période constitutionnelle, rien de significatif ne se passera en Haïti.

Ertha Pascal Trouillot est née en 1943 à Pétion ville, Port-au-Prince, Haïti. Elle a grandi avec 9 frères et sœurs dans la région de Port-au-Prince. Ertha était adolescente lorsque François Duvalier a pris le pouvoir. Lorsque François Duvalier a ouvert le lycée François Duvalier à Pétion Ville, ce fut une belle opportunité pour elle car elle avait satisfait aux exigences pour fréquenter l'école. Dans cette école publique, elle a rencontré, son futur mari Ernst Trouillot. Au début, Ertha voulait aller à la faculté de médecine mais son petit ami de l'époque, Ernst Trouillot, lui a suggéré le Droit. Elle ne s'est pas battue sur la question et a écouté le conseil de son petit ami. Ertha Pascal Trouillot a étudié le droit à l'école de droit des Gonaïves dans l'Artibonite, Haïti. Elle a eu une carrière réussie dans le système judiciaire haïtien avant de devenir juge à la Cour suprême. En 1988, elle a été la première femme élue à la Cour supreme ou Cour de Cassation. Elle a perdu son mari pendant cette période, mais elle n'a pas laissé cela rabaisser son moral. Elle était une voix forte pour les femmes sans voix de son temps. Elle a élevé sa fille au mieux de ses capacités. Selon beaucoup, elle était pure dans un système corrompu. C'était une chose très difficile à faire dans un pays essentiellement dirigé par un gouvernement militaire depuis plus de 150 ans. Elle avait toutes sortes de relations politiques avec les plus hauts dirigeants politiques du pays à cette époque. Le gouvernement du président Prosper Avril a été renversé par un coup d'État en 1990, le général Herard Abraham a pris la présidence pendant trois jours et a ensuite remis le pouvoir à Ertha Pascal Trouillot. La première femme présidente a le grand devoir d'organiser la démocratie d'Haiti avec les élections dans tout le pays. Elle a réussi à organiser la première élection démocratique en Haïti. Aristide a remporté la présidence avec plus de 67% des voix. Ertha a prouvé la force du pouvoir judiciaire de rendre justice à qui justice est due. Avant Ertha, personne n'a pu organiser une élection aussi pacifique et démocratique.

Ce qui est formidable, c'est que la communauté

internationale n'était pas si forte en Haïti. Si la communauté internationale était en Haïti, la majeure partie du crédit de l'élection leur reviendrait. Ertha et le CEP en 1990 ont prouvé que si on leur donne une bonne chance, Haïti peut s'organiser et les femmes ont plus à offrir au pays que les hommes le pensent.

Le Pouvoir Judiciaire et Emile Jonassaint

Emile Jonassaint était juge dans le système judiciaire haïtien. Il est né à Port De Paix, a vécu la majeure partie de sa vie à Port-au-Prince, a fréquenté l'école là-bas et est également mort dans cette ville. Après le coup d'État du 30 septembre 1991, les militaires offrent le poste de président à Emile Jonassaint qui n'a pas dit non à une opportunité à vie pour de nombreux politiciens haïtiens. En ce qui concerne l'administration Clinton, JBA était le président du pays. Les États-Unis, l'ONU et d'autres institutions faisaient suffisamment pression sur le gouvernement de Jonassaint pour qu'il démissionne pour que Jean Bertrand Aristide puisse revenir au pouvoir. Le gouvernement était au pouvoir pendant environ cinq mois avant de se rendre à la pression de la Communauté Internationale. Ce n'était pas une tâche facile pour l'administration Clinton. Le président Clinton a envoyé l'ancien président des États-Unis, Jimmy Carter pour négocier le retour d'Aristide avec le président Emile Jonaissaint et le régime militaire dirigé par le général Raoul Cedras. Après le président Jimmy Carter, l'administration Clinton a envoyé le général Collin Powell et le sénateur Sam Nunn pour négocier le retour d'Aristide. Le régime militaire et le président Emile

Jonassaint s'étaient rendu compte qu'ils n'avaient d'autre choix que de renoncer au pouvoir. Beaucoup de gens ont critiqué Emile Jonassaint pour avoir pris le pouvoir pendant cette période. Il faut comprendre qu'il s'est retrouvé dans une situation difficile. Selon la constitution de 1987, il était le suivant au pouvoir puisqu'il appartenait à la Cour supreme ou Cour de Cassation du pays.

Le Pouvoir Judiciaire et Alexandre Boniface

Alexandre Boniface est né en 1936. Il a grandi à Port-au-Prince. Il a fréquenté la faculté de droit et travaillé dans le système judiciaire haïtien pendant environ 25 ans. Il a été nommé à la Cour supreme ou Cour de Cassation du pays par le président Aristide en 1990. La plupart des gens ont déclaré qu'il était connu pour son équité dans un système de justice corrompu. Le soulèvement qui allait conduire au coup d'État d'octobre 2004 a rendu difficile pour Aristide de rester au pouvoir. Après que Jean Bertrand Aristide a quitté le pays pour la Jamaïque en 2004, Boniface Alexandre est devenu président d'Haïti. Boniface Alexandre a travaillé avec la communauté internationale pour maintenir la paix dans le pays après le départ d'Aristide. Ce n'était pas une chose facile à faire à cause des partisans d'Aristide.

CHAPITRE 12

LES GOUVERNEMENTS MUNICIPAUX, DÉPARTEMENTAUX ET LES MODÈLES FRANCE / AFRIQUE DU SUD

Le Processus de Décentralisation

La décentralisation est essentielle pour le développement politique, la sécurité publique et le développement économique de tout pays et Haïti ne fait pas exception. Quand on parle de décentralisation, il y a trois aspects principaux sur lesquels nous devons nous concentrer : Décentralisation institutionnalisée, qui est le processus de transfert de pouvoir aux institutions nouvellement créées et qui est différent de l'acte de déconcentration du pouvoir, qui est le transfert de pouvoir au sein d'une même institution. Cette décentralisation est de nature générale et affecte toutes les politiques ou compétences liées au territoire ou ciblées sur des domaines spécifiques de la politique publique et du gouvernement. Décentralisation territoriale, cet aspect de la décentralisation vise à donner aux collectivités territoriales les responsabilités et les ressources définies et prévoir l'élection de représentants par les habitants de ces territoires. Encore une fois, cela diffère de la déconcentration, qui se produit lorsque le gouvernement central vise à améliorer l'efficacité en déléguant certaines politiques et pouvoirs à un représentant nommé au niveau central ou à un délégué départemental. Décentralisation fonctionnelle, cet aspect de la décentralisation intervient lorsque le gouvernement central ou local décide de ne pas exercer directement l'une de ses compétences mais de transférer le pouvoir à un organisme public tel qu'un conseil départemental ou une mairie.

La France et l'Afrique du Sud ont l'un des meilleurs gouvernements décentralisés au monde. Il est vrai que la France n'est pas aussi décentralisée que le Canada ou l'Allemagne, mais ils ont fait un excellent travail en décentralisant au moins le gouvernement ou l'État. Comme dans les communes et les régions, chaque département de France est divisé en districts qui votent pour les membres de l'assemblée départementale pendant six ans. Ces politiciens départementaux votent pour un président pendant 6 ans. Le président choisit son cabinet parmi les membres de l'assemblée départementale pour former son gouvernement. Tout comme en France, l'Afrique du Sud a fait un excellent travail en décentralisant le pays au moins politiquement. Au niveau municipal, le peuple vote pour le conseil municipal et le conseil municipal choisit le maire parmi ses membres. Au niveau provincial, les gens de la province votent pour l'assemblée provinciale et l'assemblée provinciale choisit le premier ministre de cette province parmi ses membres. Ces deux pays ne laissent aucune place aux populistes pour venir diriger le pays sans vision, sans experience et sans plan. Tout comme en Afrique du Sud, en Haïti, nous n'avons pas à voter directement pour le maire ou le délégué ou le président. Nous pouvons voter indirectement pour ces postes afin d'éviter que les comédiens et les politiciens populistes dirigent le pays.

Les articles 76 à 84 parlent concernent l'organisation du gouvernement départemental. Outre le pays, le département est la plus grande division territoriale du pays. Certains départements d'Haïti ont plus d'habitants que certains pays des Caraïbes. Prenons par exemple les Bahamas. Le département du Nord compte plus d'habitants que les Bahamas. La constitution stipulait que chaque département devait être dirigé par un conseil départemental composé de 3 personnes élues par les conseils municipaux pour une période de cinq ans. Ces personnes qui dirigent le département ne doivent pas nécessairement être membres de l'assemblée départementale selon la constitution. La constitution continue à imposer à quelqu'un d'être membre du conseil départemental. Vous devez avoir au moins 25 ans, vivre dans le département depuis 3 ans et cette personne n'a jamais été incarcérée ou condamnée pour des crimes et autres activités anormales. Les représentants du gouvernement ont le pouvoir d'assister à la réunion du conseil départemental. Des personnes telles que des sénateurs et des députés des départements, des personnes de la société civile et des personnes qui travaillent au nom du département mais ne font pas directement partie du gouvernement. Selon la constitution, quand il s'agit du plan du département, cela doit être fait en coopération avec le gouvernement central ou national. Le ministère ou le département ne peut pas mettre en place son propre programme. Sans le soutien du gouvernement central, le programme départemental ne peut pas réussir. Dans le cas où le conseil départemental ou l'assemblée départementale ne fonctionne pas efficacement, le gouvernement central peut intervenir pour soutenir le gouvernement départemental de toutes les manières possibles. Sur la base de la constitution, si le gouvernement départemental est dissous, le gouvernement central a le pouvoir de nommer une commission jusqu'à ce que les élections soient organisées par le conseil électoral permanent.

Le Délégué

Selon l'article 185, le délégué et les vice-délégués sont nommés par le gouvernement central pour s'assurer que tout se passe bien dans le département. Ce système doit changer. Le délégué et le vice-délégué doivent être choisis parmi les membres de l'assemblée départementale. Supposons que l'assemblée départementale compte 30 membres provenant de 30 circonscriptions électorales du département, le président choisirait une personne parmi les 30 personnes de l'assemblée départementale au cas où les membres ne seraient pas en mesure de choisir leur chef. Cette personne remettrait son plan gouvernemental pour le département à l'assemblée départementale. Si l'assemblée départementale soutient le plan et qu'il n'interfère pas avec le programme du gouvernement central, il devrait entrer en vigueur. Tout comme les gouverneurs aux États-Unis, le président des départements en France et les premiers ministres des gouvernements provinciaux au Canada, ce délégué aurait un fort pouvoir pour nommer ses secrétaires départementaux parmi les membres de l'assemblée départementale. Il aurait le pouvoir de les embaucher et de les licencier. Leur licenciement ne signifie pas qu'ils ne sont plus membres de l'assemblée départementale. Au gouvernement provincial du Québec, quelqu'un peut être membre de la législature provinciale et ne pas faire partie du gouvernement. Puisque j'appelle à la représentation proportionnelle où tous les partis présents à l'assemblée ministérielle doivent faire partie du gouvernement, il n'y aura pas de place pour la politique partisane traditionnelle. L'esprit peut-être encore là mais il sera très petit puisque tous les partis ou coalitions font partie du gouvernement. Pensez un instant au pouvoir que la constitution donne à un premier ministre. Le même pouvoir devrait être donné au délégué au niveau départemental. La seule différence est qu'il ne serait pas autorisé à signer un traité international ou à voyager pour rencontrer des étrangers au nom du gouvernement national parce qu'il ne représente pas le gouvernement national.

L'organisation du gouvernement départemental est très centrale et importante. Tant que nous n'organisons pas le gouvernement départemental, le processus appelé la décentralisation ne fonctionnera pas. Le président Martelly était très intéressé par la décentralisation des gouvernements départementaux. Les présidents avant lui étaient très intéressés par le développement des départements. Ce que vous et moi devons retenir, c'est que nous sommes dans une période constitutionnelle de notre histoire. À moins que les changements nécessaires soient apportés à la constitution, nous n'arriverons jamais là où nous voulons être en tant que pays. Certains politiciens pensent simplement que, ils peuvent simplement contourner les réformes constitutionnelles nécessaires pour développer le ministère et réussir. Ils ont tort. Les problèmes de la constitution doivent être abordés en premier. Dans ce livre, j'appelle à un système de gouvernement parlementaire pour sortir Haïti de ce problème ou de cette situation difficile. Nous avons de nombreux exemples de gouvernements parlementaires qui fonctionnent dans les Caraïbes et dans le monde. Un de mes meilleurs exemples pour Haïti est la France au niveau municipal, départemental et régional. Il y a aussi l'exemple du Canada.

Au Canada, il y a le gouvernement central ou fédéral et les gouvernements provinciaux. Au Canada, il existe environ 5 principaux partis politiques. En ce qui concerne le gouvernement provincial, voici comment il est organisé : Prenons par exemple le Québec. Le Québec est la plus grande province du Canada et sa capitale est la Ville du Québec et sa plus grande ville est Montréal. L'Assemblée nationale du Québec compte environ 125 députés élus par les Québécois dans 125 circonscriptions électorales ou ce qu'ils appellent dans le monde Anglophone *RIDING*. Les 125 circonscriptions électorales votent 125 représentants à l'Assemblée nationale. Le parti ou la coalition avec le plus de voix forme le gouvernement. Ce parti choisit le premier ministre ou la premiere ministre du Québec parmi les membres de l'Assemblée nationale et non de l'extérieur. Au moment où j'écris le chapitre de ce livre, l'actuel premier ministre du Québec est François Legault qui vient de remplacer Philippe Couillard lors des élections en 2018.

Disons par exemple que le Département de l'Ouest compte 105 sections communales dans ses 20 communes. Le gouvernement peut regrouper ces 105 sections communales dans par exemple 50 circonscriptions électorales. Pendant la période électorale, le peuple irait voter pour l'assemblée départementale. Le peuple élirait 50 membres de l'assemblée départementale. Le parti ou la coalition à la majorité des 2/3 à l'assemblée départementale serait tenu de former le gouvernement. Au cas où il n'y aurait pas de parti à la majorité des 2/3, le président du pays choisirait un membre des assemblées départementales avec le soutien de l'assemblée départementale, cette personne deviendrait le délégué du département et ce délégué choisirait son vice-délégué pour une période de cinq ans dans l'assemblée départementale tout comme le parlement serait élu pour une période de cinq ans. Ce système d'élection des membres de l'assemblée départementale à partir de l'assemblée municipale ne fonctionne pas et ne fonctionnera jamais. Le système du président choisissant un délégué en dehors de l'assemblée départementale ne fonctionnera jamais. La constitution parle du conseil interministériel aux articles 87. Ce conseil interministériel est composé de 10 membres représentant les 10 départements du pays. Une fois la constitution est modifiée, il n'y aura plus besoin de l'interministériel. Le sénat devrait superviser le travail du gouvernement ou de l'assemblée départementale et faire rapport au président du pays. Prenons par exemple l'éducation, le comité sénatorial chargé de l'éducation superviserait les travaux du comité pédagogique de l'assemblée départementale et ferait rapport au sénat et le sénat rapporterait au président. Ou le comité d'éducation de l'assemblée départementale rendrait compte au comité d'éducation de la chambre des députés. La meilleure façon de comprendre ce que j'essaie de dire est de comprendre le modèle français et le modèle canadien.

Si vous allez faire des recherches sur le Canada ou la France, vous comprendrez mieux ce que j'essaie de dire ici. La mise en place d'une taxe départementale et d'une taxe nationale contribuerait grandement au développement du département. La taxe départementale resterait dans le département pour le développement économique et social tandis que la taxe nationale irait au gouvernement central pour les programmes du gouvernement national. Prenons par exemple l'éducation. Le gouvernement départemental et le gouvernement national peuvent conclure un accord selon lequel les écoles primaires et secondaires sont construites par les gouvernements départementaux tandis que les écoles techniques et les universités sont construites par le gouvernement national. Les institutions départementales telles que le système pénitentiaire, le système de police, l'éducation publique, etc. sont essentielles à l'autonomie des départements. Les fonctionnaires des gouvernements departementaux auront un budget de cinq ans et dit au gouvernement central, voici ce que nous avons et voici ce dont nous avons besoin. L'avantage de ce nouveau système est que: le gouvernement du departement peut créer un fonds où les gens de ce ministère en particulier peuvent envoyer de l'argent. Par exemple, les gens du département de l'Artibonite vivant au Canada peuvent envoyer de l'argent pour le développement de l'Artibonite. Le processus serait le même pour les autres départements du pays.

Le modèle français de gouvernement municipal fonctionne comme le gouvernement départemental. Les différents districts de la commune votent pour l'assemblée communale et l'assemblée choisit un président pour six ans qui devient maire. Tous les pays ont des gouvernements locaux. Dans les Caraïbes, chaque pays a des gouvernements locaux. Les petits pays des Caraïbes comme Porto Rico et la Dominique ont des gouvernements locaux. Les grands pays des Caraïbes comme Cuba et la République dominicaine ont des gouvernements locaux. Et nos amis du Nord: les États-Unis et le Canada? Ils ont tous deux des gouvernements locaux. En Haïti, le mot gouvernement local n'est pas utilisé souvent. Nous utilisons Mairie ou Meri ou La commune. Aux États-Unis, l'histoire des gouvernements communaux ou des gouvernements de comté a commencé au 17ème siècle. Les entreprises chargées d'apporter la richesse du Nouveau Monde en Europe s'installeraient dans un lieu et lui donneraient un nom. Quel que soit le nom du Roi, par exemple, c'était le nom de la ville. Tout comme aux temps bibliques. Si par exemple les Dessalines sont installés dans un endroit, ils appelleront cet endroit Dessalines. Ici, je ne fais que vous donner un exemple. En Virginie, un groupe d'hommes d'affaires d'Europe s'est installé dans un endroit et a appelé cet environnement Jamestown au nom du roi James d'Angleterre et a appelé l'État de Virginie au nom de la reine vierge d'Angleterre appelée Marie.

Après la Révolution américaine, le gouvernement fédéral a travaillé avec les gouvernements des États et les gouvernements des États ont commencé à émettre des chartes aux gouvernements des comtés et à les rendre plus organisationnels. Au XIXe siècle, la plupart des municipalités des États-Unis étaient considérées comme des sociétés. Tout comme aux débuts de la république. Une des raisons à cela est que des entreprises ont été envoyées pour développer les villes. Ces entreprises étaient connues sous le nom de développeurs. Aujourd'hui encore, de nombreuses entreprises se spécialisent dans le développement des villes. J'allais à l'université en Virginie. J'avais l'habitude de prendre le bus Greyhound dans les deux sens. Une chose que j'ai réalisée, c'est que le pays appelé les États-Unis est vide. Les gens qui vivent dans la ville ne se rendent pas compte que le pays est vide. Les personnes vivant à Miami, New York, Los Angeles, Dallas et d'autres grandes villes du pays qui n'ont jamais conduit, d'un État à l'autre ou d'une ville à l'autre, pensent que le pays est surpeuplé. Ce n'est pas du tout le cas. Aujourd'hui, quatre principaux types de gouvernement existent aux États-Unis: le gouvernement de la ville, le gouvernement du comté, l'état et le gouvernement fédéral ou national. Tout commence avec un développeur ou une entreprise. Dans la constitution des États-Unis, le dixième amendement fait de l'organisation du gouvernement local la responsabilité du gouvernement de l'État.

L'organisation du gouvernement municipal au Canada, suit le même chemin que les États-Unis. En fait, les gens appellent Canadien sont des Américains déplacés vers le Nord dans leur refus de se battre contre l'empire britannique avant la guerre d'indépendance des États-Unis. Au milieu du XIXe siècle, des lois ont été adoptées par la législature de différentes provinces pour organiser les administrations municipales avec plus d'efficacité, telles que les limites, les taxes et le type d'institutions qui devraient exister dans une ville pour la rendre opérationnelle. Avant le 19e siècle, tout a commencé avec des corporations en quête de richesse au nom des royaumes d'Europe comme la France et l'Angleterre. Au cours du 20e siècle, de nombreuses réformes municipales ont été apportées au Canada pour améliorer l'administration municipale et la rendre plus efficace. Tout comme aux États-Unis, aujourd'hui, les 3 principaux types de gouvernement qui existent au Canada sont : la ville, le provincial et national ou fédéral. Ces exemples sont de grandes inspirations pour nous en Haïti

La Constitution et les Gouvernements Communaux et Les Sections Communales

Les articles 66 à 74 concernent les gouvernements communaux. Selon la constitution, chaque municipalité est administrée par un conseil de trois membres élus par la population de cette municipalité lors d'une élection générale. Le conseil est assisté dans ses travaux par une assemblée communale ou assemblée municipale composée d'une personne par section communale. Le gouvernement communal est fixé pour 4 ans. Tout comme dans les autres branches du gouvernement, les exigences sont: être haïtien, la personne doit être âgée de 25 ans, jouir de droits civils et politiques et n'a jamais été condamnée pour des crimes graves dans le pays. Sur la base de la constitution, le gouvernement communal peut être dissous. Dans ce cas, le gouvernement départemental ou le gouvernement national doit appeler le Conseil électoral permanent pour organiser les élections dans les plus brefs délais. Ici, je ne vais pas critiquer le gouvernement communal même s'il n'est pas ce qu'il est censé être. Je crois sincèrement que, si nous pouvons réparer le gouvernement au niveau national où nous avons un gouvernement parlementaire. Cela signifie que le peuple élit le parlement et le parlement élit le président et le premier ministre. Si nous fixons le gouvernement départemental où le délégué en chef ou le premier ministre départemental est choisi parmi les membres de l'assemblée départementale et cette assemblée départementale doit être élue par le peuple et non par l'assemblée communale. Le reste du problème ne serait pas trop important après ces changements. Les institutions communales telles que les pompiers, la police municipale, etc. sont essentielles à l'autonomie des communes. Je crois sincèrement que le modèle français où les gens de la commune votent pour l'assemblée communale et l'assemblée communale choisit le maire, les vice-maires, etc. parmi ses membres est la meilleure forme de gouvernement de la ville. Ce modèle serait un grand succès s'il était appliqué en Haïti. La ville de Paris, la ville de Marseille en France et la ville de Pretoria en Afrique du Sud sont de bons exemples de ce modèle de gouvernement municipal.

En ce qui concerne les gouvernements des sections communales, ils doivent être aussi autonome que possible. Ils devraient être fixé à cinq ans. Trois personnes directement élues pour diriger les affaires du gouvernement de la section communale ne sont pas vraiment un problème en raison de la petite taille de la section communale. Le titre de maire doit être utilisé à la place de celui de chef de section communale. Des réformes aux niveaux national, départemental et communal contribueraient beaucoup au bon fonctionnement du gouvernement de la section communale.

CHAPITRE 13

DÉVELOPPEMENT ÉCONOMIQUE EN HAÏTI ET LE MODÈLE INDUSTRIEL AMÉRICAIN

Le modèle industriel américain suit un schéma très simple et très efficace : entreprises américaines, entreprises étrangères, nouveaux entrepreneurs et décentralisation. La décentralisation signifie simplement avoir une entreprise dans de nombreux endroits à la fois. par exemple, Amazon existe dans de nombreux États et villes des États-Unis d'Amérique et des pays en même temps. Delimart, Royal Oasis et les grandes entreprises haïtiennes et les entreprises étrangères telles que Best Western Hotel et Mariott Hotel peuvent exister dans les dix départements et les grandes villes d'Haïti en même temps. Cela crée plus de possibilités d'emploi. 70 à 80% des emplois en Amérique sont créés par les petites et grandes entreprises du pays. 20 à 30% des emplois en Amérique sont créés par des entreprises étrangères directement ou indirectement. 5 à 10% des emplois sont créés par de nouveaux entrepreneurs. Ce livre se concentre davantage sur l'aspect politique de la crise haïtienne que sur l'aspect économique de celle-ci. Les deux sujets sont importants. L'un affecte l'autre. Je suis plus préoccupé par le côté politique parce que je le connais mieux. Ma passion pour aborder le côté politique est plus grande. C'est comme l'eau et l'humidité. Tu ne peux pas en avoir un sans avoir l'autre. J'ai récemment écrit un article dans le journal haïtien, Le National, intitulé : Décentralisation politique et développement économique en Haïti. Plus de 4 mille personnes ont lu cet article sur la crise. La plupart des lecteurs sont en Haïti. C'est pour prouver que beaucoup de gens sont toujours intéressés à voir des changements dans le pays malgré ce moment difficile. Après avoir stabilisé politiquement le pays, au moins trois choses doivent être faites pour apporter des changements économiques dans le pays :

Protéger et Promouvoir les Entreprises Existantes Présentes dans le Pays

Dans ce chapitre, je parle de tous types d'entreprises : le gouvernement, les Haïtiens locaux, la diaspora et la communauté internationale. Nous ne pouvons pas développer Haïti économiquement sans cette première étape. Le gouvernement du pays doit trouver un moyen d'empêcher les gens de brûler et de détruire des entreprises pendant les grèves et les marches dans le pays. De nombreux emplois sont détruits chaque jour par la situation d'insécurité en Haïti. Les entreprises ferment leurs portes tous les jours et quittent Haïti pour aller ailleurs. Cela doit être arrêté. Nous ne pouvons pas parler de nouvel investissement dans un pays qui ne peut pas créer les conditions pacifiques pour que les entreprises existantes progressent dans le pays. Dimitri

Vorbe a récemment déclaré qu'il est plus facile de faire des affaires partout dans les Caraïbes qu'en Haïti. Cet homme est haïtien et veut aider son pays en créant des opportunités d'emploi. En Haïti, être riche signifie une chose négative. Cela doit cesser. Les gens riches inspirent les autres. Pensons aux milliardaires en Amérique, ils donnent beaucoup d'argent et créent beaucoup d'opportunités. Plus l'élite économique est riche en Haïti, mieux pour l'économie. Pour l'année 2017-2018, le célèbre journal haïtien Le Nouvelliste a publié une liste de 200 entreprises en Haïti qui paient des impôts. Disons que chaque entreprise compte 500 employés. Cela représente un total de 100 000 emplois. Vous pourriez dire que ce n'est pas beaucoup, mais c'est beaucoup pour les gens qui subviennent aux besoins de leur famille grâce à ces entreprises. L'homme d'affaires Reginald Boulos a déclaré à Valery Numa de Radio Vision 2000 qu'il a créé des emplois pour 5 mille personnes dans le pays. Si 200 hommes d'affaires font la même chose, c'est un million de personnes, un million d'Haïtiens dans la population active au travail. Je pense que c'est une bonne analyse.

Entreprises existantes présentes à l'extérieur du Pays

Récemment, j'étais sur le site Web de Fortune Global 2000. Il s'agit de la liste des 2000 entreprises ou corporations les plus puissantes au monde. Ces entreprises sont prêtes à faire des affaires en Haïti. Je ne peux pas dire qu'elles sont toutes prêtes mais certaines le sont. En fait, beaucoup d'entre eux sont déjà dans le pays. Ici, je suis plus préoccupé par ceux qui ne sont pas encore présents dans le pays. Le président Martelly a réussi à ouvrir Marriott et Best Western dans le pays. C'était une excellente opportunité commerciale pour le pays. Si la situation sécuritaire ne se détériorait pas, ces deux entreprises auraient pu en amener beaucoup plus dans le pays. Si nous parvenons à amener 500 des 2000 entreprises mondiales en Haïti à investir, ce serait un grand succès international. Si le leadership politique sait ce qu'il fait en Haïti, 3 emplois sur 10 pourraient être liés à des investissements étrangers ou à des investissements extérieurs. De nombreuses entreprises de la diaspora sont prêtes à investir de l'argent, créant des opportunités d'emploi pour le pays. Plus de 2 milliards de dollars sont envoyés chaque année en Haïti par la diaspora. Une grande partie de cet argent est envoyée par des Haïtiens qui possèdent des entreprises partout en Amérique du Nord et en Europe. Ces personnes auraient pu facilement contribuer à la création d'emplois si la sécurité publique n'était pas un luxe dans le pays.

Nouveaux entrepreneurs

Aux États-Unis, au moins 2 millions de personnes créent leur propre emploi chaque année. Disons que les 2 millions de personnes ont au moins 5 employés pour les aider, soit 7 millions de personnes sur le marché du travail. Si en Haïti, nous avons 10 mille Haïtiens qui créent leur propre emploi chaque année et qu'ils ont 5 employés, c'est 60 mille personnes dans la population active qui auront un travail. Le nouvel entrepreneuriat est une excellente stratégie pour le gouvernement de faire des idées économiques une réalité.

Le peuple haïtien est un peuple talentueux. Au cours des 30 dernières années, le pays n'a connu que des gouvernements cassés sans véritable solution à la situation économique du pays. Le peuple haïtien trouve des moyens de survivre malgré cela. Réfléchissez un instant s'il y a une stabilité politique dans le pays et si le gouvernement encourage un nouvel esprit d'entreprise. Cela peut révolutionner le pays d'une très bonne manière. Plus les entreprises existantes se portent mieux, plus il sera attrayant pour les entreprises qui existent à l'extérieur du pays. Plus elles entreront, plus l'esprit de nouvel entrepreneur sera dans le pays. C'est l'effet domino. L'un affecte l'autre. Je l'ai déjà dit et je le répète, avec l'insécurité publique et le gouvernement brisé, le développement économique en Haïti ne fonctionnera pas. Ils sont tous liés et connectés ensemble. Nous pouvons prendre n'importe quel pays industriel, ils ont tous une stabilité politique et un environnement économique propice à l'émergence de nouvelles idées.

Avec les Réformes Gouvernementales : Le Capitalisme, le Socialisme et la Privatisation fonctionneront tous en Haïti

Les idéologies économiques ont régné sur le monde depuis la nuit des temps. Les idéologies politiques et les idéologies économiques sont mari et femme. Elles ont besoin l'une de l'autre. L'une ne peut pas exister sans l'autre. Montrez-moi un pays avec une puissance économique, je vais vous montrer le même pays avec une stabilité politique. Montrez-moi un pays avec une stabilité politique et je vous montrerai le même pays avec une puissance économique. Même si la stabilité politique passe avant les possibilités économiques, cela ne veut pas dire que l'une est plus importante que l'autre. Si un pays est politiquement stable et qu'il n'y a pas de développement économique, cette stabilité politique se transforme en instabilité politique. Si un pays a une bonne situation économique et qu'il n'y a pas de stabilité politique, cette économie va bientôt disparaître. Le Capitalisme, le socialisme et la privatisation sont quelques-unes des terminologies les plus couramment utilisées pour parler du système économique de n'importe quel pays aujourd'hui. Ici, j'essaie juste de garder les choses simples. Pour moi, un bon enseignant ou un grand professeur est quelqu'un qui continue à enseigner ou à expliquer aussi simplement que possible. Les idéologies économiques vont au-delà des trois mentionnées ici. Le mercantilisme, le communisme, l'économie de marché, l'économie mixte, l'économie agraire, l'économie du don, etc. font tous partie de l'ensemble.

Capitalisme

Dès que nous voyons le capitalisme, nous voyons le capital ou l'argent. En Amérique, il y a un dicton qui dit : « le temps, c'est de l'argent ». Cela signifie que personne n'a de temps à perdre. Vous devez être occupé à faire quelque chose qui vous rapportera de l'argent avec votre temps. Nous pouvons dire que le temps est capital ou que le temps est capitalisme. Le capitalisme n'est pas une idéologie collective. C'est une idéologie personnelle ou une idéologie privée. C'est pourquoi la cupidité est un mot très courant et un mot très accepté dans la société capitaliste comme les États-Unis. C'est moi, moi et moi. Le profit personnel est le moteur ultime de ce système économique. La concurrence dans le capitalisme est pour le profit ou pour profiter à une personne ou à quelques personnes et non à tout le pays. C'est pourquoi un pays riche comme les États-Unis compte tant de pauvres et de sans-abri.

Dans les sociétés capitalistes, la richesse et les profits sont bien plus importants que les employés qui les produisent. Dans une société capitaliste, quiconque peut vendre quelque chose pour moins d'argent aura plus de clients. Walmart Corporation a plus de clients que Publix Corporation parce que Walmart trouve un moyen de vendre ses produits à un prix inférieur par rapport à Publix. Dans une société capitaliste, si le gouvernement n'est pas bien organisé et fort, le système économique triomphera sur le système politique. On le voit clairement avec l'élection du président Donald J. Trump. Un milliardaire devient le président des États-Unis. Le président Trump n'est pas le seul. La plupart des sénateurs, gouverneurs, maires, membres du Congrès des États-Unis sont millionnaires. Le célèbre orateur public américain connu sous le nom de Chris Hedges, l'appelle : un coup d'État au ralenti. C'est là que les entreprises américaines prennent le contrôle du gouvernement du pays. C'est le résultat d'un capitalisme incontrôlé.

Lorsque le secteur économique prend indirectement le contrôle du gouvernement, il n'y a pas de gouvernement pour défendre les pauvres ou les moins fortunés. C'est ce qu'on appelle l'exploitation économique. Le capitalisme n'aime pas la régulation. C'est pourquoi les riches aiment prendre indirectement le gouvernement pour qu'il n'y ait pas de réglementation. Un autre mot pour PAS DE RÈGLEMENT est Laissez Faire. C'est là que le gouvernement laisse les entreprises faire ce qu'elles veulent. Elles exploitent autant de personnes qu'elles veulent sans conséquences. Tant qu'elles paient des impôts au gouvernement, tout va bien. Si le gouvernement peut contrôler le capitalisme comme c'est le cas en Allemagne, au Canada et dans les pays scandinaves, cette idéologie peut faire beaucoup de bien. Ce que vous et moi devons réaliser, c'est que le mot en lui-même n'est pas mauvais. Il n'est pas mal sur le plan personnel d'aimer le capitalisme. Ça devient mauvais, quand on ne voit pas tout le pays. C'est là que le capitalisme, s'il n'est pas contrôlé, ne peut pas aider dans la situation en Haïti. C'est pourquoi je propose des réformes politiques d'abord, puis des réformes économiques. Avec de bonnes réformes politiques, le capitalisme fonctionnera très bien en Haïti.

Au cours des 30 dernières années, les États-Unis n'ont procédé à aucune réforme politique majeure. Ils ont rénové des bâtiments et construit des autoroutes, mais ils n'ont procédé à aucune réforme politique majeure. C'est pourquoi le capitalisme aux États-Unis est un si mauvais mot. Cela signifie : exploitation, corruption et cupidité. La France est le pays leader en matière de réformes politiques depuis 30 ans selon mes recherches. En France, le capitalisme fonctionne mieux qu'aux États-Unis non pas parce que c'est un système différent ici, mais à cause des réformes politiques du gouvernement.

Socialisme

Dans le socialisme, nous voyons la société, dans la société, nous voyons la communauté, nous voyons les gens, nous voyons la population, etc. C'est une idéologie économique où les gens de la communauté ou les gens du pays possèdent l'économie. Certaines personnes aiment dire que le socialisme est une idéologie politique, ce n'est pas le cas. L'idéologie politique est différente de l'idéologie économique. La démocratie est une idéologie politique et non une idéologie économique. Mélanger les choses apportera de la confusion. J'essaie d'éviter cela dans ce livre et dans ce chapitre. En Chine, c'est : République populaire de Chine, Banque populaire, People's Daily News, etc. Tout est fait ou tout est organisé au nom du peuple. J'aime ça. Avec le socialisme, la Chine et l'Inde ont sorti plus de gens de la pauvreté au cours des 30 dernières années que la population des États-Unis, du Mexique et du Canada réunis. Voilà à quel point cette idéologie économique est puissante. Les politiciens Américains et les PDG ont fait tout ce qu'ils pouvaient pour faire du socialisme un mauvais mot au cours des 50 dernières années, ils ont tous échoué. Le sénateur Bernie Sanders, l'un des politiciens les plus intelligents d'Amérique au cours des 30 dernières années, a mené sa campagne sur une idéologie socialiste. C'est une idéologie où le peuple des États-Unis passe en premier. Pour moi, c'est une bonne idéologie.

Dans les pays socialistes comme la République populaire de Chine, le Vietnam et Cuba, le gouvernement possède les moyens de production. Toutes les grandes entreprises appartiennent au gouvernement. C'est ce qu'on appelle le

Dirigisme ou le capitalisme d'État. Fondamentalement, c'est l'État ou le gouvernement qui décide de tout. Dans les pays socialistes comme le Canada, l'Allemagne et le Japon, des entités privées gèrent l'économie sous une forte supervision gouvernementale. Tout comme le capitalisme ne fonctionnera jamais dans des pays avec un gouvernement brisé ou une instabilité politique, le socialisme ne fonctionnera jamais dans des pays avec un gouvernement brisé et une instabilité politique. Les politiciens aiment placer leur peuple ou leurs amis ou les membres de leur famille dans des positions clés dans l'économie lorsqu'ils sont au pouvoir. S'ils sont au pouvoir pendant 2 ans, ils essaieront de placer les gens à des postes clés pendant cette période.

Lorsqu'ils sont expulsés du pouvoir, leurs employés sont également expulsés de leurs postes clés. Dans une économie socialiste où le leadership change constamment, ce n'est pas bon pour l'économie. C'est ce qui s'est passé en Haïti depuis plus de 30 ans. C'est pourquoi le gouvernement n'est pas en mesure d'offrir les services de base à la population du pays en raison de l'instabilité politique qui devient une instabilité économique, car le gouvernement en Haïti possède certaines industries clés telles que l'électricité, des usines d'eau, des hôpitaux, etc.

Privatisation

Quand les gens entendent le mot privatisation, cela signifie beaucoup pour eux. Dans les pays à économie socialiste, le gouvernement possède de nombreux moyens de production. Avec l'instabilité politique, le gouvernement est incapable de fournir les services que la population mérite. Au lieu que le gouvernement dirige une société d'électricité par exemple, il a laissé le secteur privé la gérer pour une meilleure gestion et pour de meilleurs services. Parfois, des personnes du secteur public ou des fonctionnaires sont incapables de fournir les services de qualité que le secteur privé est en mesure de fournir. C'est juste un fait. Certains pays n'ont pas d'instabilité politique mais laissent le secteur privé gérer une partie de leur économie pour de meilleurs résultats. Certains appellent la déréglementation de la privatisation ou le partenariat public-privé. Quel que soit le nom, cela signifie toujours le transfert d'une entreprise du gouvernement au secteur privé. Teleco en Haïti a été fondée en 1927 sous la présidence de Louis Borno en tant que société de télégraphie. De 1927 à 2007, c'est 80 ans de service. Au cours de ces 80 années, Teleco n'a pas apporté grand-chose à la population haïtienne en termes de services de télécommunications. Au cours de la deuxième présidence de M. René Préval de 2006 à 2011, Teleco a été privatisée avec une société vietnamienne connue sous le nom de Natcom. En moins de 10 ans, Natcom a fourni plus de services au peuple haïtien que Teleco en 80 ans. Je ne peux pas oublier Digicel qui est entré sur le marché et a changé les choses. Cela signifie simplement que la privatisation fonctionne. Il y a une bonne façon de le faire et il y a une mauvaise façon de le faire. Le président Préval a choisi la bonne voie. Le président a choisi une société étrangère riche au lieu d'une société locale pauvre. La mauvaise façon de le faire est : laisser une entreprise locale sans épine dorsale financière reprendre une agence gouvernementale.

Lorsqu'une entreprise privée reprend une entreprise

publique, elle doit parfois avoir une solidité financière pour investir dans cette agence gouvernementale afin d'obtenir de meilleurs résultats dans la production. Un gouvernement ne peut pas se permettre de privatiser une entreprise publique avec une entreprise privée pauvre. Cela ne fonctionne pas. Des représentants du gouvernement comme Yves Bastien, Charles Castel, entre autres, ont fait un excellent travail en aidant le gouvernement dans ce processus de la privatization du Teleco. Haïti a encore des problèmes majeurs avec la compagnie d'électricité appelée ED'H. On peut encore suivre l'exemple de Teleco. Le pays a juste besoin d'un bon leadership pour avancer. Je dis ici : avec de bonnes réformes politiques, le capitalisme, le socialisme et la privatisation peuvent fonctionner en Haïti. Aucun pays n'est complètement capitaliste, socialiste ou privatisé. C'est parfois un mélange de tous. Vous avez juste besoin d'un bon gouvernement et d'une stabilité politique pour que l'économie profite à tous. Les pays scandinaves tels que la Suède, le Danemark et la Norvège ont un mélange de capitalisme, de socialisme et de privatisation et tout semble très bien fonctionner. Leur secret est un bon gouvernement. Un bon système politique et réforme.

Plans quinquennaux pour Haïti

Les plans quinquennaux sont une série de plans économiques développés d'abord dans l'ex-Union soviétique pour stimuler la production industrielle de cet ancien pays afin de le préparer avant la seconde guerre mondiale. Dans l'ex-Union soviétique, il y avait environ 13 plans différents. Chaque plan aborde des objectifs spécifiques à atteindre dans une période de cinq ans ou avant. C'est un processus très simple mais très efficace. Grâce aux plans quinquennaux, Joseph Staline et les dirigeants de l'ex-Union soviétique ont réussi à transformer l'Union soviétique, qui était une société agraire, en un pays industrialisé. L'URSS était la deuxième puissance industrielle après les États-Unis. Si le pays ne s'était pas effondré en 1991, il aurait remplacé les États-Unis en tant que première puissance économique au monde. Pour utiliser les plans quinquennaux en Haïti, ce sera très simple. Rappelez-vous dans les chapitres 3, 4 et 5, nous parlons des différents régimes politiques qui existent dans une démocratie et je propose, le système parlementaire de gouvernement ou régime parlementaire. Je mentionne également que le système de gouvernement présidentiel et le système de gouvernement semi-présidentiel actuel qui existent dans le pays ne fonctionneront jamais. Cela signifie que vous ne pouvez pas appliquer un plan quinquennal dans un système de gouvernement présidentiel ou un système de gouvernement semi-présidentiel. Il n'y aura pas de continuité après le départ du président. Il y a trop de confusions politiques et d'instabilité politique dans ces deux systèmes pour que les plans quinquennaux se développent.

Dans ce système, le système parlementaire, le parlement serait fixé pour cinq ans. Le gouvernement proviendrait des députés, tout comme au Canada. Une fois que le Premier ministre aura prononcé son discours sur son programme gouvernemental au Parlement et qu'il aura été approuvé, ce sera pour cinq ans, que le Premier ministre lui-même soit démis de ses fonctions après, par exemple, 2 ans. Il y aura un premier plan quinquennal et un deuxième, un troisième, etc. Il faut se rendre compte que si chaque premier ministre nommé vient avec un nouveau programme de gouvernement, le pays ne sera jamais développé. La raison pour laquelle je dis cela, c'est parce que, dans beaucoup de situations, le premier ministre ne passe pas plus d'un an ou de trois ans au pouvoir.

Plans quinquennaux en République Populaire de Chine, en Inde et au Vietnam

Malgré toutes les critiques des plans quinquennaux, c'est le plus grand plan économique de tous les temps. Il a réalisé plus que le New Deal américain et le plan Marshall en termes de prospérité économique et d'opportunités. Les États-Unis et certains autres pays occidentaux ont critiqué le plan mais n'ont pas été en mesure d'arrêter sa propagation. La République populaire de Chine et le Vietnam utilisent encore aujourd'hui les plans quinquennaux après l'avoir appris de l'ex-URSS. La République populaire de Chine en est actuellement à son 13e plan de 2016 à 2020. Chaque plan concerne une partie spécifique de l'économie qui est réalisable en cinq ans ou moins. En raison des plans quinquennaux, la Chine est sur le point de remplacer les États-Unis en tant que puissance économique numéro un dans les 10 prochaines années selon certaines études. La Chine a sorti plus de 600 millions de personnes de la pauvreté au cours des 30 dernières années grâce aux plans quinquennaux. C'est plus que la population des États-Unis, du Canada et du Mexique réunis. L'Inde a connu 12 plans au total. Ils mettent fin aux plans quinquennaux en 2017. Selon de nombreux économistes et analystes politiques, c'est une grave erreur. Pourquoi interrompre quelque chose qui fonctionne et fonctionne tres bien. Cela n'a aucun sens. La division politique interne au Parlement indien en est une des principales raisons. Même si l'Inde est une démocratie stable, la politique intérieure est très forte dans ce pays. Avant de mettre fin aux plans quinquennaux, l'Inde a fait des progrès significatifs.

Plus de 200 millions de personnes sont sorties de la pauvreté grâce aux plans quinquennaux en Inde. C'est plus de la moitié de la population des États-Unis. Le Vietnam a fait des progrès significatifs avec les plans quinquennaux. Au total, il y a eu 10 plans quinquennaux au Vietnam et le dernier est de 2016 à 2020. Les moyens de subsistance du peuple vietnamien ont été grandement influencés de manière positive par les plans. Le Vietnam a sorti au moins 40 millions de personnes de la pauvreté au cours des 30 dernières années grâce aux plans quinquennaux. Il semble que la Chine et le Vietnam garderaient leurs plans pour des années à venir. Selon les rapports statistiques des Nations Unies, plus de 70% des personnes sorties de la pauvreté au cours des 30 dernières années viennent de Chine, d'Inde et du Vietnam. Quel est leur secret ? Les plans quinquennaux et le parlementarisme. Au Congrès du peuple en Chine, à l'Assemblée nationale du Vietnam et au parlement de l'Inde, c'est là que se prennent les principales décisions politiques et économiques.

Ces pays ne croient pas en un gouvernement d'un petit group comme c'est le cas aux États-Unis, au Brésil, au Mexique et dans notre pays Haïti. Ils croient en des institutions fortes au lieu de faux politiciens aux lèvres douces. Une fois que les réformes politiques sont faites en Haïti, les plans quinquennaux seront d'une grande aide. Nous avons besoin de ces plans. Tous les pays pauvres ont besoin de ces plans. L'Afrique a besoin de ces plans. En Haïti, nous devons résister aux critiques, faire les réformes politiques et appliquer ces beaux plans pour une Haïti meilleure pour tous.

CHAPITRE 14

LA DIASPORA HAÏTIENNE

La diaspora haïtienne est l'une des principales forces du pays. C'est une force qui n'est pas présente dans le pays mais elle est là. Les gens qui visitent Haïti qui ne sont pas haïtiens peuvent penser qu'elle n'est pas là, mais elle est là. C'est une force invisible qui accompagne les haïtiens chaque jour dans la nation. La diaspora haïtienne est la force économique de soutien de la nation. Si la diaspora n'était pas là, les choses seraient plus difficiles dans le pays. Lorsque la communauté internationale donne de l'argent à Haïti, cet argent ne va pas directement entre les mains du peuple. La majeure partie de cet argent va aux ONG et aux institutions gouvernementales. Lorsque les gens de l'extérieur du pays envoient de l'argent, cet argent va directement aux gens et, par conséquent, ils peuvent démarrer une petite entreprise, envoyer leurs enfants à l'école et aider leurs voisins. On estime que plus de 2 millions d'haïtiens vivent à l'étranger. Des pays comme les États-Unis, le Canada et la France sont parmi les principales destinations des haïtiens lorsqu'ils ont quitté Haïti.

Je peux me prendre comme exemple. Je suis né à

Anse-à-Foleur, dans le Nord-ouest d'Haïti et j'ai grandi à Port-au-Prince. J'ai déménagé aux Bahamas où mes parents vivaient et plus tard, je me suis installé à Miami. À Miami, j'ai réussi à terminer mes études secondaires et à aller à l'université en Virginie. J'ai un baccalauréat en études interdisciplinaires et une licence en sciences sociales du Florida Department of Education. Actuellement je travaille sur mon master avec une université (Barry University, Miami, FL, USA) Ce livre est mon premier. Si je n'étais pas dans la diaspora, il me serait très difficile de réussir ce succès académique. Je peux le dire autrement, si mes parents ne sacrifiaient pas autant pour déménager aux Bahamas et plus tard aux États-Unis, ce serait très difficile pour moi de le faire. La quantité de recherches que j'ai faites aux États-Unis aurait été presque impossible à faire en Haïti. J'ai des exemples de personnes qui ont réalisé le rêve américain dans toutes sortes de domaines. La même histoire se passe dans beaucoup d'autres pays où la diaspora haïtienne est présente. La diaspora haïtienne a tellement appris en dehors d'Haïti qu'elle veut vraiment retourner en Haïti et aider. Je suis dans le domaine des sciences sociales. J'ai beaucoup appris dans ce domaine. Une fois ce livre est terminé, mon rêve est d'en parler partout où vivent les haïtiens afin qu'ils puissent comprendre comment réparer le système en Haïti. Beaucoup d'autres haïtiens dans d'autres domaines du monde entier font exactement la même chose. Récemment, le débat a été : les haïtiens en Haïti devraient-ils diriger le pays ou les haïtiens de la diaspora devraient-ils diriger le pays ? Ma réponse est : les deux.

Si Haïti est organisé les haïtiens en Haïti sont capables de prendre leur propre destin en mains avec le soutien de la diaspora. Si Haïti est fixé, la diaspora avec la grande somme de connaissances qu'elle a acquise à l'extérieur du pays peut faire une énorme différence en plus d'envoyer de l'argent. Du même coup, si le système reste le même avec toutes ses faiblesses, les haïtiens en Haïti ne pourront pas faire grande chose et la diaspora ne pourra pas faire grand-chose. Lorsque Michel Joseph Martelly est devenu président, de nombreux membres de son administration venaient de la diaspora. Il me semblait qu'il avait une forte volonté de changer les choses. La réalité est, le même système dysfonctionnel est là. Tant qu'il y aura le même système dysfonctionnel, le progrès sera un rêve et non une réalité. Le même système qui empêchait les haïtiens en Haïti de développer le pays, est le même système qui empêchait Martelly de faire du bon travail. Vous voyez, à certains égards, le système a beaucoup à voir avec la situation difficile actuelle du pays. Ici, je parle d'institutions dysfonctionnelles telles que le gouvernement lui-même et non du mythe des mulâtres, de la bourgeoisie, des libano syriens créés par des intellectuels et des politiciens incompétents en Haïti et des professionnels haïtiens de la diaspora. Ils croient à ce mythe sans preuves scientifiques. Jusqu'à ce que le système change, la diaspora doit continuer à faire ce qu'elle fait de mieux: envoyer de l'argent en Haïti et soutenir sa famille avec un travail acharné et avec fierté.

Les Caraïbes

De nombreux haïtiens vivent dans les pays voisins tels que les Bahamas, la République dominicaine et Porto Rico. Même si ces personnes envisagent de déménager aux États-Unis, au

Canada et en France, bien souvent, les choses ne fonctionnent pas comme on les pensent et par conséquent, elles finissent par rester dans les Caraïbes pendant des années avant de retourner en Haïti ou aller dans d'autres pays. En Amérique du Nord ou l'Europe. Les premières personnes à migrer vers les Caraïbes étaient des dirigeants politiques qui fuyaient l'instabilité politique en Haïti. En 1843, Jean Pierre Boyer échappe à l'instabilité politique en Haïti en tant que président et se rend en Jamaïque et plus tard en France où il termine ses jours. Le président Jean Bertrand Aristide, a échappé à l'instabilité politique en Haïti, est allé en Jamaïque et plus tard en Afrique du Sud lors du coup d'État qui a renversé son gouvernement en 2004. Ce que j'essaie de dire ici, c'est que, les Caraïbes ont été là pour nous dans le chaos politique et le chaos économique. Il y a une tendance qui prétend que les habitants des Caraïbes n'aiment pas les Haïtiens. Je ne suis pas d'accord. Ils n'aiment pas la façon dont nous entrons dans leur pays parce qu'ils ont des lois et des règlements, mais ils nous aiment. J'habitais aux Bahamas et beaucoup d'Haïtiens vivent aux Bahamas.

Les Bahamas sont un petit pays avec une industrie du tourisme, des banques et des services en plein essor. Le gouvernement des Bahamas a arrêté des Haïtiens quand un nouveau bateau arrive dans le pays. Chaque fois que le gouvernement haïtien fait sa part pour contrôler les gens en Haïti en les empêchant de quitter le pays, les haïtiens déjà installés aux Bahamas ont une certaine tranquillité d'esprit. Chaque fois qu'un nouveau bateau est arrivé, le statut des haïtiens vivant illégalement aux Bahamas est préoccupant. Certains ont estimé le nombre d'Haïti vivant aux Bahamas à plus de 40 000. Je ne parle pas ici de l'exactitude de ce nombre. Tout ce que je sais, c'est qu'il y a un nombre croissant d'Haïtiens vivant aux Bahamas. Même si cela, il y a une forte discrimination, le fait est que les gens ont une histoire commune. Une fois que les gens ont vécu dans une région pendant des décennies, ils commencent à développer une culture commune.

Un autre exemple que j'ai sur les Haïtiens vivant dans les Caraïbes est la République dominicaine. De nombreux étudiants haïtiens sont en République dominicaine et étudient dans toutes sortes de domaines. Certains sont allés en RD simplement pour travailler et non pour étudier. Ma femme et moi avons passé 2 semaines en République dominicaine. J'ai visité Santiago et Moca. Les deux villes sont de belles villes. Le pays est très beau et organisé. Certains estiment que le nombre d'Haïtiens vivant en République dominicaine est supérieur à 1 million. Je ne parle pas ici de chiffres et de statistiques. Une chose est sûre, c'est qu'il y a un nombre croissant d'Haïtiens vivant en République dominicaine. Et Cuba ? Cuba a été là pour Haïti. Les médecins cubains sont partout dans le pays pour nous aider avec notre état de santé. Un nombre croissant d'Haïtiens vivent à Cuba. Certains travaillent, certains sont à l'école et certains ne font que rendre visite à des membres de leur famille.

Je n'ai pas encore visité Cuba. Mon objectif est de la visiter une fois que j'en ai la chance. Il y a d'autres pays dans les Caraïbes où vivent des Haïtiens que je ne mentionne pas dans ce chapitre. C'est vrai que la diaspora haïtienne est utile en Haïti, seul un gouvernement stable apportera la grande contribution acceptable pour le pays. Le fait est que la population haïtienne augmente à un rythme alarmant. Le gouvernement doit être organisé pour créer un état de prospérité économique pour tous les Haïtiens. Les pays des Caraïbes ont tendance à faire davantage pour nous aider. Bien que cela puisse être politiquement correct. Ils veulent nous aider, mais nous devons les rencontrer à un moment donné. Plus nous pouvons faire pour instaurer la stabilité politique, plus ils pourront faire pour aider. Le tremblement de terre du 12 janvier 2010 a prouvé qu'ils voulaient nous aider. Les pays des Caraïbes ou de la CARICOM ont été parmi les premiers à arriver en Haïti pour aider les victimes du tremblement de terre.

Les États Unis

Les États-Unis ont l'une des plus grandes concentrations d'Haïtiens de la diaspora. La diaspora haïtienne aux États-Unis peut être considérée comme le centre de la diaspora haïtienne dans le monde. La ville de Miami est considérée par beaucoup comme la capitale de la diaspora haïtienne dans le monde. Certains haïtiens de la diaspora aux États-Unis sont célèbres. D'autres ne le sont pas. Des personnes comme Jean Baptiste Point Du Sable et WEB Dubois sont très connues. Jean Baptiste Point Dusable est bien connu comme le fondateur de la ville de Chicago. Chicago est la troisième plus grande ville des États-Unis d'après les faits de 2012. En 1968, la ville et l'État reconnaissent Jean Baptiste Point Dusable comme le fondateur de la ville. WEB Dubois est né au Massachussets de parents haïtiens. Il a joué un rôle déterminant dans la création de NAACP et dans les progrès de la liberté pour tous. L'Association nationale pour l'avancement des personnes de couleur existe depuis 1901. Cette organisation a joué un rôle très important dans la promotion du programme des personnes de couleur avant 1901 vers les mouvements des droits civiques des années 1960. Après les mouvements de défense des droits civiques des années 1960, la NAACP est toujours debout pour faire avancer l'agenda des Noirs. La NAACP a vu Barack Hussein Obama devenir le premier président noir des États-Unis. En 2001, l'administration Bush a nommé Pierre Richard Prosper comme ambassadeur général pour crimes de guerre. Pierre Richard Prosper est né à Denver, Colorado et a grandi à Upstate, New York. Il est né aux États-Unis de parents haïtiens. Kwame Raoul est né à Chicago de parents haïtiens. Il a remplacé le président Barack H. Obama à son siège au Sénat dans l'Illinois. Il existe d'innombrables exemples d'Haïtiens qui réussissent bien et bien aux États-Unis. L'état de New York a une importante population haïtienne. La Floride, New York possède l'une des plus anciennes communautés haïtiennes des États-Unis. La plupart de ces Haïtiens installés à New York ont échappé à la dictature des Duvalier. On pense que plus de 7 cent mille Haïtiens vivent dans différentes villes de New York. À New York, des villes comme Harlem, Brooklyn, et Manhattan comptent un grand nombre d'Haïtiens.

En Floride, il existe une communauté croissante d'haïtiens dans tout l'État. Des villes comme Miami où je vis et où je suis diplômé du lycée comptent l'une des plus grandes communautés d'Haïtiens de la diaspora. On estime que plus de 2 cent mille Haïtiens vivent dans le seul comté de Miami-Dade. Encore une fois, ce nombre peut ne pas être exact. Je ne parle pas ici de chiffres et de statistiques. Phillip Brutus, Ronald Brise, Jean Monestime entre autres ont représenté avec fierté la communauté haïtienne dans la ville de Miami. Des villes telles que Fort Lauderdale, Delray Beach, Palm Beach, Orlando et bien d'autres en Floride ont de grandes communautés haïtiennes qui progressent à mesure que la nation progresse et ces communautés haïtiennes ont également reculé lorsque les choses ne vont pas bien dans le pays. Aux États-Unis, d'autres villes comme Atlanta, Chicago, Philadelphie, Washington, DC, Detroit, New Jerseys et bien d'autres ont une grande communauté d'Haïtiens qui progressent à un rythme alarmant. Comme les prédicateurs américains aiment à le dire, vous n'attendez pas Dieu, Dieu vous attend. La diaspora haïtienne doit cesser d'attendre que les choses s'améliorent pour venir en aide à Haïti. Nous devons être suffisamment organisés pour améliorer les choses en Haïti. La diaspora a les connaissances et l'argent mais il n'y a pas d'organisation pour changer les choses ou améliorer les choses en Haïti. Le moment est venu pour la diaspora de s'organiser de manière sérieuse sans donner d'excuses et jouer la victime

Canada

En Amérique du Nord, la communauté haïtienne au Canada est l'une des plus fortes et aussi l'une des plus prospères. Le Canada est un pays fascinant pour moi en raison de la qualité de ses institutions. Franchement, en faisant des recherches pour écrire ce livre, le Canada a été l'un des meilleurs exemples parmi beaucoup d'autres pays sur lesquels j'ai fait mes recherches. La diaspora haïtienne au Canada a beaucoup à apprendre et à apporter en Haïti. Dans les années 1960, moins de 40 000 personnes d'Haïti vivaient au Canada. Aujourd'hui, la diaspora haïtienne au Canada compte plus de 100 000 selon de nombreux chercheurs. Encore une fois, je ne suis pas ici pour discuter de chiffres ou pour discuter de statistiques. L'essentiel ici est de savoir qu'il y a un nombre croissant d'haïtiens vivant au Canada et que leur contribution à Haïti est énorme. Tout comme aux États-Unis, les Haïtiens des années 1960 fuyaient la dictature de François Duvalier et trouvaient un moyen de s'installer au Canada notamment dans la région francophone du Canada dans la ville de Montréal.

Dans les années 1980 et 1990, un grand nombre d'Haïtiens ont commencé à déménager dans la région ouest du Québec qu'est l'Ontario. Ces Haïtiens ont commencé à s'installer dans des villes comme Toronto et Ottawa. On pense que plus de 30 000 Haïtiens vivent dans la province de l'Ontario. Des gens comme Michael Jean, Régine Chassagne, Luck Mervil entre autres font bien partie de la diaspora haïtienne en Amérique du Nord et au Canada. Selon mon estimation, aucun Haïtien de la diaspora n'a occupé un rôle plus élevé dans le gouvernement que Michael Jean. Elle est née à Port-au-Prince en 1957. Elle a été déménagée au Canada en 1968 avec ses parents à l'âge de 11 ans. La famille s'est installée dans la ville de Thetford Mines, Québec. En raison de problèmes familiaux, la mère de Jean a ensuite déménagé avec elle avec sa sœur à Montréal. Elle a fait ses études à l'Université de Montréal où elle a obtenu un baccalauréat des arts et a poursuivi ses études dans plusieurs universités en

Europe. Elle parle plusieurs langues dont l'italien. En 1988, elle est devenue reporter, cinéaste et animatrice pour Radio Canada.

Michaelle Jean est mariée au cinéaste canadien Jean Daniel Lafond et le couple a une fille adoptive de Jacmel. Michael Jean a été nommé gouverneur du Canada par la reine Elizabeth II du Royaume-Uni sur la recommandation de l'ancien premier ministre du Canada Paul Martin en 2005. Pendant son mandat, elle a assisté à l'investiture du président René Préval pour un second mandat en 2006. En 2008, elle a quitté l'Europe avant l'heure pour régler des choses au sein du gouvernement du Canada. En 2009, elle a accueilli le président Barack H. Obama au Canada pour une visite d'État. Michael Jean a démissionné de son poste de gouverneur du Canada en 2010. Avant le départ de Michael Jean, les Nations Unies avaient déjà des projets pour l'ancien gouverneur. Les responsables des Nations Unies ont nommé Michaelle Jean envoyé spécial en Haïti. Sa fondation connue sous le nom de Michael Jean Foundation se concentre sur la promotion de l'éducation, de la culture et de la créativité chez les jeunes des communautés rurales, nordiques et pauvres du Canada.

France et l'Union Européenne

La relation entre la France et Haïti est unique en raison de l'histoire des deux pays. Le traité de Ryswick en 1697 donna à la France l'opportunité d'avoir la partie ouest de Saint Domingue comme colonie. Depuis lors, l'influence de la culture, de la tradition et des normes françaises est présente dans le pays. Au début de la république, le peuple haïtien ne déménage jamais en France dans le but de créer une communauté. Toussaint Louverture, Jean Pierre Boyer, Jean Claude Duvalier et de nombreux autres hommes politiques haïtiens ont déménagé en France parce qu'ils fuyaient l'instabilité politique en Haïti. Jean Claude Duvalier est né à Port-au-Prince, des parents François Duvalier et Simone Ovide Duvalier en 1951. Tôt dans sa vie, il a fréquenté le Collège Bird et Institution Saint Louis De Gonzague, deux célèbres Colleges privés en Haïti. En 1980, il épouse Michele Bennett Pasquet. Le mariage a produit deux enfants: Nicolas Duvalier et Anya Duvalier. Jean Claude Duvalier est devenu président en 1971 et a quitté le pouvoir pour la France en 1986. Très tôt en France, Jean Claude Duvalier a vécu la belle vie grâce à l'argent qu'il avait sur son compte bancaire. Il a demandé l'asile politique et a été refusé par le gouvernement français. Pour le gouvernement français, donner l'asile à Duvalier signifie que d'autres hommes politiques peuvent terroriser leur peuple et chercher refuge en France. Le gouvernement français n'était pas méchant en ne donnant pas l'asile à Jean Claude Duvalier. Le gouvernement essayait de donner le bon exemple aux dirigeants d'autres pays qui pensent qu'ils peuvent terroriser leur peuple, puis s'enfuir avec l'argent et leur famille vers les pays européens. Depuis 2012, la communauté internationale a été plus prudente en aidant les dictateurs à fuir leur pays. Dans les années 80 et 90, certains pays européens acceptaient qu'un dictateur s'y installe et y mène une vie paisible. Au 21e siècle, cette politique a changé. Aucun refuge sûr pour les dictateurs dans le monde industrialisé. Jean Claude Duvalier s'est rendu en France pour demander l'asile politique. D'autres Haïtiens sont allés en

France pour étudier et retourner en Haïti. Certains terminent leurs études et retournent en Haïti, certains terminent leurs études et restent en France.

Comme ici en Amérique du Nord, il y a une communauté haïtienne en pleine croissance en France. Ils sont impliqués dans la politique locale, dans l'éducation, les soins de santé et dans bien d'autres domaines. Jean Léopold Dominique, Hervé Telemaque, James Noel entre autres ont fait la fierté de la diaspora haïtienne dans leur domaine d'études respectif. Contrairement aux communautés haïtiennes dans le monde anglophone ou dans le monde hispanophone, la communauté haïtienne en France est unique en raison de l'attraction culturelle qui reste la même. L'urgence d'aider Haïti de manière institutionnelle est très forte dans l'esprit de l'élite éduquée en France. Tout comme les communautés haïtiennes dans d'autres pays, ils attendent que le gouvernement d'Haïti stabilise le pays afin de pouvoir apporter leur contribution. La meilleure chose à faire n'est pas d'attendre mais d'agir en s'organisant. S'il suffisait d'envoyer de l'argent aux membres de la famille en Haïti, le pays n'aurait pas été dans cette situation actuelle. Si toutes les indications prouvent que des progrès ont été accomplis dans la diaspora haïtienne en France à partir des années 1960 et au-delà, le pays a reculé. Qu'est-il arrivé? Eh bien, les institutions sont faibles. Je veux dire qu'elles sont très faibles. La potentialité de la diaspora haïtienne en France à elle seule est suffisamment forte pour renforcer le gouvernement haïtien afin qu'il fasse mieux en créant l'environnement requis pour que la diaspora donne sa participation dans le pays. Si la diaspora haïtienne à Miami m'a donné la force et l'espoir d'écrire ce livre, la diaspora en

France en particulier m'a donné aussi beaucoup d'espoir. La communauté haïtienne en France a joué, joue et continuera à jouer un rôle important dans la reconstruction d'Haïti pour tous les Haïtiens.

Il existe d'autres communautés haïtiennes en Allemagne, en Espagne, au Royaume-Uni et dans d'autres pays de l'Union européenne qui ne sont pas mentionnées dans ce chapitre et qui sont très importantes pour la reconstruction d'Haïti.

La Diaspora haïtienne en Amérique du Sud

Ce chapitre sera incomplet si on oublie la diaspora haïtienne en Amérique du Sud principalement au Brésil et au Chili. On estime que près de 400 000 Haïtiens vivent en Amérique du Sud, principalement au Brésil et au Chili. Ces personnes sont une grande aide économique pour Haïti et devraient s'organiser pour aider Haïti. Le gouvernement d'Haïti est tellement brisé que nous ne pouvons pas attendre dans la diaspora que les choses s'améliorent pour aider. Nous devons nous organiser si bien que nous forcerons les choses à s'améliorer. Il y a une diaspora haïtienne dans d'autres parties du monde qui n'est pas mentionnée dans ce livre et ils font un excellent travail en aidant leur famille en Haïti et en aidant leur ville et pays respectifs où ils vivent.

CHAPITRE 15

LA COMMUNAUTÉ INTERNATIONALE

La relation entre la communauté internationale et Haïti est tres complexe. Les intellectuels, les politologues, les politiciens et les gens ordinaires d'Haïti ont des points de vue différents. Les gens qui sont contre l'implication de la communauté internationale dans les affaires d'Haïti s'expriment d'une manière qui doit être respectée. Les gens qui sont pour l'implication de la communauté internationale en Haïti ont de bonnes raisons derrière leur position. Le but de ce dernier chapitre de ce livre n'est pas de défendre une partie contre une autre mais de présenter la situation de telle manière que vous puissiez voir pourquoi ce qui se passe en Haïti se passe.

Je n'oublierai jamais le tremblement de terre en Haïti du 12 janvier 2010. Le peuple haïtien à lui seul était impuissant pendant cette période. Plus de 40 pays sont intervenus directement ou indirectement pour soutenir le peuple haïtien. Ils viennent avec des aides financières et autres qui nous prouvent que nous ne sommes pas seuls. Les pays qui n'ont pas envoyé leurs avions en Haïti ont donné tout ce qu'ils avaient à des organisations internationales telles que les Nations Unies et l'Organisation mondiale de la santé pour aider Haïti. Après le tremblement de terre, des milliards et des milliards ont été promis pour aider Haïti à surmonter cette période difficile. Alors que beaucoup d'intellectuels haïtiens critiquent des institutions comme la Banque mondiale et le Fonds monétaire international pour le manque de soutien économique à Haïti, sans institutions fortes, ces organisations ne peuvent pas faire grand-chose. Vous voyez, l'argent n'est pas le problème, les idées pratiques pour sortir Haïti de ce désordre sont le problème. Si la communauté internationale peut trouver l'argent, nous devons trouver les bonnes idées nécessaires pour que le pays aille de l'avant. Jusqu'à présent, d'après ce que j'ai vu, le gouvernement, sous la direction du président Jovenel Moise est incapable de trouver les idées nécessaires qui peuvent aider Haïti à sortir de cette situation difficile.

Bien que je ne sois pas ici pour défendre les institutions internationales, je suis sûr qu'elles veulent nous aider. La vérité est que nous devons les rencontrer à un moment donné. Elles ne feront pas tout pour nous. Elles ne vont pas nous dicter comment organiser les partis politiques, le conseil électoral permanent, combien de mandats un président ou un premier ministre devrait avoir. Elles ne feront pas cela pour nous. Tout ce qu'elles vont faire, c'est faire des suggestions, en espérant que nous écoutons leurs suggestions et créons notre propre destin. Les gens qui blâment le plus la communauté internationale ne comprennent pas cela, le gouvernement a un rôle à jouer. La communauté internationale et Haïti forment une équipe. Nous devons nous passer le ballon.

Quand le FMI donne de l'argent aux dirigeants d'Haïti, c'est passer le ballon. Lorsque le gouvernement met en œuvre un programme réussi, c'est renvoyer le ballon au FMI.

Le monde est globalisé. Le monde devient de plus en plus petit chaque jour. J'adore le dicton de l'International Business Machine. Ici, je parle de la société américaine IBM. Le dicton dit, des solutions pour une petite planète. Pour les ingénieurs d'IBM, le monde est un tout petit endroit. C'est tellement vrai. Avec un gouvernement stable, les pays en développement comme Haïti peuvent accomplir des choses qui étaient impossibles avant la mondialisation. Les puissantes entreprises allemandes et japonaises sont privées. Si le gouvernement est prêt à les payer pour construire un bon aéroport en Haïti, ils vont le construire. Si le gouvernement veut les payer pour construire un bon stade de football en Haïti, ils le construiront. La seule chose est que le gouvernement doit être suffisamment stable pour mener à bien le projet. Ce que j'entends par là, c'est la continuité du gouvernement. Un gouvernement devrait poursuivre le projet d'un autre gouvernement. Ainsi, avec la mondialisation, la communauté internationale est un avantage pour les pays qui peuvent créer les institutions nécessaires et un désavantage pour les pays qui ne peuvent pas créer les institutions nécessaires au progrès.

CARICOM

Caricom ou la Communauté des Caraïbes a été fondée en 1973 par quatre nations : la Jamaïque, la Barbade, la Guyane et Trinidad-et-Tobago. Caricom remplace l'Association de libre-échange des Caraïbes qui a été fondée en 1958 pour assurer le libre-échange entre les pays qui parlent anglais dans les Caraïbes. Aujourd'hui, environ 15 pays sont membres de la Caricom plus 5 membres associés et 7 pays observateurs. Le traité de chaguaramas a lancé la Communauté des Caraïbes et le Marché commun en 1973 à Trinidad. Haïti est devenu membre de la Caricom en 2002. Notre voisin de l'Est, ici je parle de la République Dominicaine, n'est pas membre à part entière de l'organisation. Je ne sais pas pourquoi un pays aussi important que la République dominicaine n'est pas membre à part entière de l'organisation. Ce n'est pas à moi de décider. C'est au comité directeur de la Caricom de décider de ce qui va arriver à la République dominicaine. Lors du coup d'État en 2004 contre le président Jean Bertrand Aristide, la Caricom a été très utile pour aider le pays. Les pays membres de l'organisation ont condamné le coup d'État et ont souhaité que le président revienne au pouvoir le plus rapidement possible. Malheureusement, cela ne s'est pas produit. L'organisation a prouvé sa position sur la démocratie dans la défense d'Haïti. Je n'ai pas soutenu le fait que la Caricom ait suspendu le statut d'Haïti en 2004. C'était quelque chose d'interne et non d'externe. Il est vrai qu'il y a eu un coup d'État en Haïti. Je ne pense pas que le coup d'État ait donné à la Caricom le pouvoir de disqualifier l'adhésion d'Haïti à l'organisation. Ce n'est pas comme si par exemple Haïti a envahi un pays membre de l'organisation ou Haïti ne respecte pas les règles de l'organisation.

En rejetant l'adhésion d'Haïti à l'organisation en 2004, je pense que les pays membres de la Caricom avaient empiré les choses. Avec l'arrivée de la présidence de René Préval en

2006, les bonnes relations entre la Caricom et Haïti ont été rétablies. Sur le modèle de l'Union Européenne, l'organisation crée de nombreuses institutions pour rendre son travail plus efficace dans les Caraïbes. La Cour de justice des Caraïbes est là pour maintenir la paix entre les pays membres sur des questions telles que le commerce, la corruption des dirigeants et ainsi de suite. Le marché unique de la Caricom est probablement la raison la plus importante pour laquelle les pays rejoignent l'organisation. Cependant, l'organisation fait attention à la situation en Haïti et dans d'autres pays. Les pays dont l'économie est la plus forte, comme les Bahamas et la Trinidad-et-Tobago, ne veulent pas que les travailleurs illégaux envahissent leurs territoires pour trouver des emplois. C'est un problème actuellement entre la Caricom et Haïti. L'instabilité politique du pays nous empêche de profiter des opportunités offertes par la Caricom. Douze des quinze membres de la Caricom utilisent le passeport de la Communauté des Caraïbes. Les seuls pays qui n'ont pas encore utilisé le passeport sont : Haïti, les Bahamas et Montserrat. Actuellement, des stratégies sont en cours pour avoir une bourse des valeurs des Caraïbes similaire à la bourse de New York. Lorsque cela se produira comme les politiciens le souhaitent, ce sera un grand pas dans la bonne direction. Les Caraïbes sont l'une des régions les plus pacifiques du monde. L'intégration d'Haïti dans la Caricom est une bonne affaire pour nous et eux.

L'Union Africaine

L'Union africaine est une organisation continentale de 55 États membres. Avec une population de plus d'un milliard de personnes et beaucoup de ressources naturelles, de bonnes relations entre Haïti et l'Union africaine sont très importantes. L'Afrique est la patrie. C'est notre racine. L'Union africaine progresse avec de nombreux investissements de la République populaire de Chine et de l'Union européenne. Je publie ce livre pendant la crise du virus Corona. Cette maladie est originaire de Chine. De nombreux pays d'Afrique expulsent des citoyens chinois parce qu'ils sont frustrés par le virus. De bonnes relations entre la Chine et l'Afrique sont essentielles pour les deux camps. Les intellectuels haïtiens allaient en Afrique de l'Ouest et y enseignaient. En Haïti, nous avons tellement de choses que nous pouvons apprendre de l'Union africaine qui peut rendre le pays meilleur pour tous les haïtiens vivant à l'extérieur et vivant à l'intérieur. Haïti est observateur depuis 2012. Je pense que c'est une bonne affaire. Je pense que l'adhésion ne devrait être réservée qu'aux pays d'Afrique. Même si Haïti n'est pas membre à part entière, nous pouvons toujours profiter de tous les avantages économiques et culturels qui viennent de ce grand continent, notre mère patrie, l'Afrique.

République Populaire de Chine et Haïti

Depuis au moins 30 ans, la République populaire de Chine essaie d'avoir de bonnes relations avec Haïti. Cette recherche de bonnes relations entre Haïti et la Chine continentale n'a pas abouti à cause du manque de vision des politiciens haïtiens. Cette bonne relation est plus bénéfique pour Haïti que pour la Chine. Plus de 80% des pays du monde entretiennent de bonnes relations avec la Chine continentale. Je ne comprends pas pourquoi nous sommes en retard. Certaines personnes blâment les États-Unis. La question que vous devez vous poser est la suivante : pourquoi les États-Unis n'empêchent pas le reste du monde et les Caraïbes d'avoir de bonnes relations avec la Chine ? Je comprends que le virus Corona se déroule actuellement en 2020. Ce virus ne devrait pas empêcher les vrais politiciens et les vrais intellectuels du pays de faire pression pour de bonnes relations diplomatiques avec la Chine continentale.

L'ALENA

L'ALENA ou l'Association nord-américaine de libre-échange est l'une des plus grandes organisations géopolitiques au monde. Étant donné qu'Haïti fait partie des Caraïbes qui font partie de l'Amérique du Nord, les progrès de l'ALENA sont des progrès pour Haïti. Nous ne participerons pas à ce progrès sans créer les institutions nécessaires pour que le pays aille de l'avant. Beaucoup d'entre nous pensent ou attendent que les choses s'améliorent dans d'autres pays et invitent leurs dirigeants à venir nous parler. Bien qu'il n'y ait rien de mal à cela, nous devons créer ou reformer les institutions nécessaires pour que le pays aille de l'avant. Lorsque vous comprendrez la politique, vous vous rendrez compte que la guerre entre les pays développés et les pays en développement est relative avec des institutions. La guerre n'est pas au sujet de la plus grande armée. Il s'agit de savoir lequel a le meilleur système de gouvernement. Ou celui qui a le meilleur système éducatif. L'ALENA a été créé en 1992 par les dirigeants du Canada, des États-Unis et du Mexique. La raison principale de l'organisation, comme son nom l'indique, est un meilleur commerce avec ces trois nations.

George HW Bush, Brian Mulroney et Carlos Salinas ont accepté de former l'organisation. Le premier défi était que les Parlement du Canada, du Mexique et du Congrès des États-Unis approuvaient l'alliance. Avec beaucoup de travaux, les parlements de ces pays respectifs se sont mis d'accord pour l'ALENA. L'ALENA réduit les frais dans le commerce entre le Mexique et les États-Unis. Ce n'était pas un problème pour le Canada puisque le commerce entre le Canada et les États-Unis ne comportait aucun tarif. L'accord a ouvert les trois pays comme s'ils ne faisaient qu'un. Les États-Unis, par exemple, ont eu un déficit commercial avec le Canada et le Mexique en raison des meilleures institutions dans ces deux pays. Les institutions ou les bons gouvernements ont beaucoup à voir avec l'avenir du commerce entre les nations. L'ALENA est très bon pour Haïti. Une fois que le gouvernement d'Haïti a créé les institutions nécessaires pour maintenir le développement du pays, le libre-échange entre l'ALENA et la CARICOM est bon pour les deux sections. Vous devez comprendre que l'ALENA considère la CARICOM comme sa cour arrière. Cela signifie que la CARICOM et l'ALENA ne font qu'un. Il s'agit d'une alliance de plus de 16 trillions de dollars. L'économie de la Caricom dépasse les 90 milliards de dollars. Même si la République dominicaine ne fait pas partie de la Caricom, son économie dépasse les 90 milliards de dollars. Cela signifie que l'économie des Caraïbes dépasse 180 milliards de dollars. Comment allons-nous avoir notre part dans cette pizza ? La réponse est simple: les institutions. Haïti ne va pas s'améliorer à cause de la taille de l'économie en Amérique du Nord. Haïti va faire mieux grâce à l'efficacité de ses institutions. Le pays est situé dans l'une des meilleures régions du monde. Il est de notre responsabilité de créer ou de reformer les institutions nécessaires à l'épanouissement du progrès.

L'Organisation des États Américains (OEA)

L'Organisation des États américains a été l'une des principales organisations impliquées en Haïti après le tremblement de terre du 12 janvier 2010. Les pays des Amériques étaient présents en Haïti au nom de cette organisation et des gouvernements respectifs. Il y a quelques mois en janvier 2012, le conseil permanent de l'organisation a appelé la communauté internationale principalement les membres de l'OEA à recentrer et repenser son aide à Haïti. Le conseil comprend que la coordination peut faire une grande différence dans les moyens de subsistance du peuple haïtien. Les responsables du conseil estiment que si la communauté internationale prend vraiment au sérieux Haïti, elle doit le montrer après ce tremblement de terre dévastateur qui a coûté la vie à plus de 300 000 personnes. En juin 2012, le premier ministre Laurent Lamothe a prononcé un discours devant le comité général de l'OEA sur ce que le gouvernement haïtien attend de l'OEA et ce que l'OEA devrait attendre d'Haiti. Pour le premier ministre, c'est un partenariat. Il s'agit d'un partenariat où l'organisation travaille avec Haïti et Haïti travaille avec l'organisation. L'avenir du pays est en quelque sorte lié à l'OEA. L'OEA travaille avec les ONG et le gouvernement haïtien dans différents domaines tels que les soins de santé, l'éducation, l'entrepreneuriat, etc. Le travail de l'organisation en Haïti est de voir un avenir meilleur pour tous les Haïtiens. L'OEA veut qu'Haïti soit une fois de plus la perle des Caraïbes selon ses leaders.

La première personne à imaginer une organisation où tous les pays des Amériques peuvent s'asseoir et discuter des problèmes communs etait Simon Bolivar en 1826. Comme vous le savez probablement, Simon Bolivar est considéré comme l'un des plus grands leaders d'Amérique du Sud. Des pays comme la Colombie, la Bolivie, le Pérou et d'autres, sont libres aujourd'hui grâce au travail de cet homme. Pour ajouter sur les idées de Simon Bolivar, dans les années 30 ou 1930 pour etre precis, le président Franklin Delano Roosevelt a organisé une conférence interaméricaine à Buenos Aires. L'une des principales raisons de cette conférence était de discuter de l'élaboration de la future OEA. Aujourd'hui, l'organisation est l'une des plus puissantes au monde et dans la région. Dans les Amériques du 21e siècle, la mission de l'organisation est de promouvoir la paix et la sécurité sur le continent, le bon gouvernement, trouver des terrains d'entente en cas de différence entre les États membres, éradiquer la pauvreté, etc. Chaque année, l'organisation tient son assemblée générale dans un autre État membre. En 2005, c'était à Fort Lauderdale, en Floride, aux États-Unis. Tout comme les autres membres, si Haïti veut bénéficier de l'aide de l'OEA, les réformes des institutions du pays doivent être une réalité. Le gouvernement haïtien doit rencontrer l'OEA à un certain point d'équilibre. S'ils veulent nous aider avec de l'argent, nous devons avoir nos idées ensembles ou nos institutions réformées. Le pays traverse une période constitutionnelle ou une crise constitutionnelle. Cela doit être résolu avant que l'aide de l'OEA puisse être ressentie par la population haïtienne.

L'Union Européenne

L'Union européenne est le troisième plus grand donateur d'aide à Haïti derrière les États-Unis et le Canada. Après le tremblement de terre du 12 janvier 2010, plusieurs conférences ont eu lieu dans plusieurs villes d'Europe notamment à Madrid, en Espagne et à Paris, en France pour aider Haïti. Plus d'un milliard de dollars ont été promis par l'Union européenne pour aider Haïti à se remettre de cette tragédie. Vous devez comprendre, c'est de l'argent promis par l'Union européenne, pas les pays de l'Union européenne. Les pays de l'Union européenne ont promis leur argent de bien d'autres façons. L'UE n'est qu'un moyen parmi tant d'autres que les pays européens respectifs utilisent pour financer Haïti. L'histoire de l'Union européenne remonte au XIXe siècle. Les initiatives visant à créer des institutions européennes fortes pour unir l'Europe de manière concrète, ont vraiment commencé dans la première moitié du 20e siècle. En 1957, le traité de Rome a été signé pour une meilleure intégration des industries européennes du charbon et de l'acier. Le traité de Rome a créé la Communauté économique européenne. En 1993, la Communauté économique européenne a été remplacée par l'Union européenne par le traité de Maastricht, aux Pays-Bas. Après avoir travaillé sur une monnaie commune pendant des années, l'euro a été introduit en 2002 comme monnaie de 12 pays européens.

Aujourd'hui, l'Union européenne compte environ 27 pays membres. Chacun de ces pays veut avoir l'euro. Ils travaillent aussi dur que possible pour rejoindre l'euro. Être un État membre de l'Union européenne ne signifie pas que vous êtes automatiquement qualifié pour rejoindre l'euro. Un pays doit répondre aux exigences économiques pour rejoindre l'euro. Aujourd'hui, l'Union européenne est l'une des institutions géopolitiques les plus importantes de la planète. Politiquement, économiquement et socialement, l'Union européenne est un excellent modèle pour Haïti. La relation entre l'Union européenne et Haïti est là pour rester. Cette relation est bonne pour les deux parties principalement pour Nous en Haïti en raison de notre situation financière et politique. Tout comme je l'ai mentionné à maintes reprises dans ce livre, sans réformes institutionnelles dans le pays, Haïti ne pourra pas bénéficier de l'aide que les diplomates de l'Union européenne sont passionnés à apporter au pays.

Les Nations Unies (ONU)

Le coup d'État du 30 septembre 1991 a ouvert la voie à l'entrée officielle des Nations Unies en Haïti. Après l'occupation américaine de 1915 à 1934, la plupart des Haïtiens sinon tous ne voulaient pas la présence de troupes étrangères dans le pays. Tout comme l'instabilité politique a rendu possible l'occupation américaine, l'instabilité politique a rendu possible la présence des Nations Unies dans le pays après ce coup d'État qui a été un cauchemar pour le peuple haïtien. Le monde est un village. Aucun pays n'est vraiment une île. Nous avons besoin les uns des autres et nous dépendons les uns des autres. La meilleure façon de garder les troupes étrangères à l'extérieur du pays est de créer un gouvernement stable. Si ce gouvernement n'est pas là, la communauté internationale doit être impliquée. C'est comme ça. L'Allemagne ne se comportait pas bien en Europe pendant la première et la deuxième guerre mondiale. Qu'est-il arrivé ? Le traité de Paris les a sévèrement punis pendant la Première Guerre mondiale et ils ont été divisés en quatre parties pendant la Seconde Guerre mondiale. Ce que je veux dire ici, c'est que s'il y a instabilité politique, le monde doit être impliqué. Ils doivent être impliqués non seulement en Haïti mais partout ailleurs. L'administration Clinton a renvoyé le président Aristide au pouvoir en 1994 et depuis cette date, les Nations Unies sont présentes dans le pays.

Les Nations Unies ont joué un rôle très important pour maintenir Aristide au pouvoir pendant les mois restantes de sa présidence en 1994. Sous le président Préval, les choses ont commencé à être normales et pacifiques en 1995. Comme lors de son premier mandat, Jean Bertrand Aristide n'a pas pu terminer son mandat de président en 2004 à cause d'un coup d'État. L'ONU a été forcée de renforcer sa présence en Haïti au cours de cette période. Les Nations Unies ont travaillé avec différents gouvernements haitiens pour maintenir la paix. Les élections en Haïti sont l'une des périodes les plus compliquées du pays. Si la présence de la MINUSTAH n'était pas dans le pays, les récentes élections comme l'élection

CONCLUSION

Ce livre vous donne les informations de base dont vous avez besoin pour avoir une connaissance de la situation actuelle en Haïti et de ce qui peut être fait pour y remédier. S'il est clair que d'autres pays et organisations internationales ont joué un rôle important pour qu'Haïti soit dans cette situation difficile, la seule issue est pour nous de mettre de côté la mentalité de victime et d'assumer l'entière responsabilité de la reconstruction et de la réforme des institutions du pays. Cette idée où la pauvreté, la paix, l'insecurite et la prospérité de tout pays sont liées à ses institutions est partagée par des professeurs d'université tels que Daron Acemoglu et James Robinson. Pour la reconstruction et la réforme institutionelle du pays, les différentes élites : intellectuelles, politiques, économiques, religieuses, médicales, scientifiques, sportives, culturelles, etc. doivent faire leur part sans se donner des excuses et se blâmer.

Adeshommes@hotmail.com

RÉFÉRENCES

Robert Heinl (1996). Écrit dans le sang: l'histoire du peuple haïtien, 1492–1995. Lantham, Maryland:Presse universitaire d'Amérique.

La Constitution d'Haïti de 1805, 20 mai 1805. Traduction. De la faculté de l'Université Webster.http://faculty.webster.edu/corbetre/haiti/history/earlyhaiti/1805-const.htm(Consulté le 30/04/18).

Hans Schmidt (1971). L'occupation américaine d'Haïti, 1915-1934.Presse universitaire Rutgers. p. 99.ISBN9780813522036.

Popkin, Jeremy. Vous êtes tous libres: la révolution haïtienne et l'abolition de l'esclavage. (la presse de l'Universite de Cambridge; 2010)

Girard, Philippe. Les esclaves qui ont vaincu Napoléon: Toussaint Louverture et la guerre d'indépendance haïtienne (Tuscaloosa:Presse de l'Université d'Alabama, Novembre 2011).

Laguerre, Michel S. Citoyenneté diasporique: les Américains haïtiens en Amérique transnationale (Springer, 2016).

Maram, Mazen (7 février 2013)»Les plus grands partis d'opposition nigérians acceptent de fusionner». Bloomberg. Récupéré le 11 février 2013.

Duverger, Maurice (1964). Partis politiques: leur organisation et leur activité dans l'État moderne (3 éd.). Londres: Methuen. p. 60-71.

Ware, Alan (1995). Partis politiques et systèmes de partis. Presse d'université d'Oxford. p. 22.

Hicken, Allen (2009). Construire des systèmes de partis dans les nouvelles démocraties. La presse de l'Universite de Cambridge.

Robert Allen Rutland, Les démocrates: de Jefferson à Clinton (U. of Missouri Press, 1995) ch. 1–4.

Whitaker, Reginald. Le Parti du gouvernement: organisation et financement du Parti libéral du Canada, 1930-1958 (1977)

Bell, David Scott et Byron Criddle. Le Parti socialiste français: l'émergence d'un parti de gouvernement (1988)

Belpolitik.com. «La Constitution haïtienne Archivé 23/05/2011 au Machine de retour. «Consulté le 9 février 2011

Chierici, Rose-Marie Cassagnol. Demele: « Making It » : migration et adaptation chez les boat people haïtiens aux États-Unis (AMS, 1980).

«Comment le système parlementaire de Westminster a été exporté dans le monde». Université de Cambridge. 2 décembre 2013. Récupéré le 16 décembre 2013.

Linz, J. (1990). Les périls du présidentialisme. Le journal de la démocratie, Volume 1 (1), pp. 51-69.

Linz, J. (1985). Démocratie: présidentielle ou parlementaire fait-elle une différence. Connecticut: presse universitaire de Yale

Duverger (1980). «Un nouveau modèle de système politique: semi-présidentiel

Brooks, Stephen (2007).Démocratie canadienne: une introduction(5e éd.). Don

«Rôle de la Cour». Cour suprême du Canada. 23 mai 2014. Récupéré le 27 mai 2014

«Loi 82-213 du 2 mars 1982». Legifrance. Récupéré le 2 août 2015.

«Facilité de faire des affaires en Haïti». Doingbusiness.org. Récupéré le 24 janvier 2017.

Hersher, Rebecca (5 octobre 2016).»L'élection présidentielle d'Haïti retardée suite à l'ouragan». RADIO NATIONALE PUBLIQUE. RADIO NATIONALE PUBLIQUE. Récupéré le 6 octobre 2016.

Vivien A. Schmidt, Démocratiser la France: l'histoire politique et administrative de la décentralisation,la presse de l'Universite de Cambridge, 2007,p. 22Archivé05/05/2016 auMachine de retour,ISBN9780521036054

Diana Conyers,»Décentralisation: la dernière mode dans l'administration du développement?»Archivé22/05/2014au

Machine de retour, Public Administration and Development, Volume 3, Issue 2, pp. 97-109, avril / juin 1983, viaBibliothèque en ligne Wiley, consulté le 4 février 2013.

Cardozo, Benjamin N. (1998).La nature du processus judiciaire. New Haven:Presse universitaire de Yale.

«Opérations de maintien de la paix des Nations Unies». Les Nations Unies. 29 février 2016.Archivéde l'original le 23 mars 2016. Récupéré le 24 mars 2016.

Levi, Edward H. (1949) Une introduction au raisonnement juridique. Chicago:Presses de l'Université de Chicago.

Zelermyer, William (1977). Le système juridique en fonctionnement. St. Paul, MN: Éditions Ouest.

Nelson, Dana D.(2008).Mauvais pour la démocratie: comment la présidence sape le pouvoir du peuple. Minneapolis, Minnesota:Presse de l'Université du Minnesota. p. 248. ISBN978-0-8166-5677-6.

Sirota, David(22 août 2008).»Pourquoi le culte de la présidence est mauvais pour la démocratie».Chronique de San Francisco. Récupéré le 20/09/2009.

Veser, Ernst(1997).»Le concept de semi-présidentialisme-Duverger: un nouveau modèle de système politique»(PDF). Journal des sciences humaines et sociales. 11 (1): 39–60. Récupéré le 21 août 2017.

Elgie, Robert (2 janvier 2013).»Présidentialisme, parlementarisme et semi-présidentialisme: faire revenir les partis»(PDF). Gouvernement et opposition. 46 (3): 392–409.est ce que je:10.1111 / j.1477-7053.2011.01345.x.

Nousiainen, Jaakko(Juin 2001). «Du semi-présidentialisme au gouvernement parlementaire: développements politiques et constitutionnels en Finlande».Études politiques scandinaves

Jean-Benoît Pilet, Régimes politiques des pays occidentaux, Bruxelles, Presses Universitaires de Bruxelles, 2008.

Jean Garrigues, La France de la Ve République : 1958-2008, 2008.

[Duverger 1970] Maurice Duverger, Institutions politiques et droit constitutionnel, Paris, Presses universitaires de France, coll. « Thémis : manuels

Hans Kelsen (trad. Charles Eisenmann, préf. Philippe Raynaud), La Démocratie : sa nature, sa valeur, Paris, Dalloz, coll. « Bibliothèque Dalloz », 2004, 121 p. (ISBN 978-2-247-04268-5, OCLC 300262602)

Daniel-Louis Seiler, Les partis politiques en Occident: sociologie historique du phénomène partisan, Paris, Ellipses, 2003.

Maurice Duverger, Les partis politiques, 1951, Paris, Armand Colin.

Chine Le premier plan quinquennal, 1953–57 «. Bibliothèque du Congrès. Récupéré le 12 mai 2009.

Pan, Letian (5 avril 2006). «Le 2e plan quinquennal (1958-1962)». Portail Web officiel, gouvernement de Chine. Récupéré le 12 mai 2009.

«Le troisième plan quinquennal (1966-1970) - china.org.cn». www.china.org.cn. Centre d'information Internet de la Chine. Récupéré le 17 juillet 2020.

Jeb Sprague, 2007.Haïti: les travailleurs protestent contre les licenciements de privatisation. Service Inter Press.

Clarke, Thomas et Pitelis, Christos (eds.) (1995) "The Political Economy of Privatization" Londres et New York: Routledge, ISBN0-415-12705-X

Newman, Michael (25 juillet 2005). Socialism: A Very Short Introduction, Oxford University Press.

James C. Docherty. Dictionnaire historique du socialisme. The Scarecrow Press Inc. Londres 1997. pp. 181–82

Bacher, Christian (2007).Capitalisme, éthique et paradoxe de l'auto-exploitation. Munich: GRIN Verlag. p. 2.ISBN978-3-638-63658-2.Archivéde l'original le 1er novembre 2015. Récupéré le 27 juin 2015.

Fulcher, James (2004).Le capitalisme, une très courte introduction. Oxford: Presse d'université d'Oxford. ISBN978-0-19-280218-7.

Carter, Byrum E. (2015) [1955]. «L'évolution historique du Cabinet du Premier ministre». Bureau du Premier ministre. Presses universitaires de Princeton. ISBN9781400878260.

Weaver, R. Kent (1985). «Les systèmes parlementaires sont-ils meilleurs?». La revue Brookings. 3 (4): 16–25.est ce que je:10.2307 / 20079894.ISSN0745-1253. JSTOR20079894.

«Simon de Montfort: le tournant de la démocratie qui est négligé». BBC. 19 janvier 2015. Récupéré le 19 janvier 2015;»Le Parlement de janvier et comment il

Zetter, Kim (26 septembre 2018).»La crise de la sécurité électorale». Le New York Times.ISSN0362-4331. Récupéré le 20 août 2019.

Levin, Dov H. (juin 2016). «Quand la grande puissance obtient un vote: les effets des interventions électorales de grande puissance sur les résultats des élections». International Studies Quarterly. 60 (2): 189–202.est ce que je:10.1093 / isq / sqv016.

«Élections libres et équitables». Projet Sphère publique. 2008. Récupéré le 8 novembre 2015.

Richard Bonney (1995), Systèmes économiques et finances publiques, 680 pp.

Frederic L. Pryor (1996), Evolution et structure économiques: 384 pp.

«L'Organisation des États américains». Conseil des relations extérieures. Conseil des relations extérieures. Récupéré le 12 novembre 2019

Kennedy, Paul(2007) [2006].Le Parlement de l'homme: le passé, le présent et l'avenir des Nations Unies. New York: Random House.ISBN978-0-375-70341-6.

«4e sommet de l'Union africaine». Janvier 2005. Archivé del'originalle 15 mars 2008. Récupéré le 29 septembre 2016.

DES ARTICLES PAR ARCHANGE DESHOMMES

Archange Deshommes a écrit plus de 50 articles sur la crise haïtienne, l'actualité comme la présidence Trump et d'autres sujets globaux. Les articles ont été publiés dans des journaux haïtiens en ligne tels que : Le Nouvelliste, Le National, Rezo Nodwes, etc. Pour lire les articles ou si vous avez des questions ou des commentaires, vous pouvez lui envoyer un Email à:Adeshommes@hotmail.com. Pour lire un article sur un moteur de recherche comme google par exemple, vous pouvez taper: Archange Deshommes / le titre de l'article. Par exemple: Archange Deshommes / Le système parlementaire de gouvernement: la seule solution durable à la crise politique actuelle en Haïti.

Voici quelques articles rédigés par Archange Deshommes

1. Le système parlementaire de gouvernement: la seule solution durable à la crise politique actuelle en Haïti
2. Décentralisation politique et développement économique en Haïti

A PROPOS DE L'AUTEUR

Archange Deshommes est né à Anse-à- Foleur, Nord D'Ouest, Haïti et a grandi à Port-au-Prince, Haïti. Il a fréquenté des écoles primaires et secondaires en Haïti, aux Bahamas et à Miami, FL, USA (Ecole Evangelique Nouvelle Jerusalem, Centre De Formation Emile Roumer et College Pythagore Haitien, Port Au Prince, Haïti) Bahamas Academy of the SDA (École adventiste) Nassau, Bahamas et North Miami Senior High School, North Miami, FL États-Unis. Il est titulaire d'un baccalauréat en sciences sociales interdisciplinaires de la Virginia State University et de la Norfolk State University en Virginie, aux États-Unis. Il travaille actuellement (2021) sur sa maîtrise en leadership éducatif à l'Université Barry de Miami, FL, États-Unis. Il est certifié en Science Sociales par le Florida Department of Education. Il était enseignant dans les écoles publiques du comté de Miami Dade. Depuis 20 ans, il a fait des recherches en sciences sociales principalement dans les gouvernements tels que : différents types de gouvernements, gouvernement fédéral ou national, gouvernements régionaux, gouvernements municipaux, etc. Différents types de systèmes politiques, de régimes politiques et de démocraties. Il a également effectué des recherches dans des institutions gouvernementales telles que le système judiciaire : (le système judiciaire ou les tribunaux, le système policier et le système pénitentiaire)

Adeshommes@hotmail.com